사주는 없다

사주는 없다

四柱命理

팔자에
매이지 않기 위해
알아야 할 것들

이재인

바다출판사

들어가며

시간이 시계 밖으로 뛰쳐나와 그 앞에 서서 명령했다.
똑바로 가라고.

- 파울 첼란

운명이라는 것이 있고 사주가 그것을 나타낸다면, 나는 나의 운명을 거부했던 적이 있다. 독일 유학 초기였던 1990년대 중반 어느 해 여름의 일이었다. 방학을 이용해서 잠시 귀국했을 때 지인의 소개로 당시 유명했던 역문관에 가서 사주를 보았다. 그때 역문관주 류충엽 선생은, 외국에 있을 아무 이유가 없으니 어서 귀국하라고 했다.

그래도 나는 귀국하지 않고 계속 독일에 머물면서 공부를 마쳤고 오늘에 이르렀다. 그의 말에 따라 공부를 중단하고 귀국했더라면 지금과 다른 삶을 살고 있겠지만, 더 나은 삶일지 더 못한 삶일지는 아무도 알 수 없다. 아무도 알 수 없는 것에 대해서는, 아무리 많은 말을 해도 하나 마나 한 말일 뿐이다. 운명도 그런 것 아닐까? 하나 마나 한 말 같은 것.

공부를 마치고 귀국한 뒤로 2010년 무렵에 또 지인을 따라 사주를 보러 다녔던 적이 있다. 그런데 가는 곳마다 말이 달랐다. 똑같은 사주인데 왜 역술인에 따라 말이 다른지 그때는 몰랐다. 사주에 거부감이 없었기 때문에 친구 따라 강남 가듯 보러 가기는 했지만 나는 사주에 대해서 아는 바가 전혀 없었다. 무속인과 역술인이 어떻게 다른지도 잘 몰랐다. 그러다가 무속인은 신내림을 받아서 신에게 의지하지만, 역술인은 공부를 해서 사주를 풀이한다는 사실을 알게 되었다.

아! 그래서 역술인마다 말이 다르구나, 사람마다 공부가 제각각이기 때문이구나, 그렇다면 내가 공부를 해서 내 사주를 직접 보면 되겠네, 그런 생각으로 혼자 사주 공부를 시작했다. 그때가 2013년 봄이었다. 한국연구재단 공모에 선정되어 수행했던 연구 과제 하나를 성공적으로 마무리하고 마침 한가롭던 때였다.

나의 사주명리학 입문에는 그럴싸한 사연이 아무것도 없다. 내 사주를 내가 직접 보고 싶었을 뿐이다. 한 가지 덧붙이자면, 나는 운명보다 어떤 공부를 하면 운명을 안다고 말할 수 있는지 그 공부가 더 궁금했다.

그런데 독학을 하다 보니 잘 이해되지 않거나 잘 이해했는지 확신할 수 없을 때가 많았다. 스승의 필요성을 절감한 나는《왕초보 사주학》시리즈의 저자로 널리 알려진 계룡산 감로사 낭월 스님을 찾아가 사제의 인연을 맺었다. 드디어 본격적인 사주명리학 공부가 시작되었다. 2013년, 숙살의 기운이 깊어 가는 가을이었다.

처음 한동안은 세상이 온통 음양으로, 오행으로, 간지로, 십성으로 보였다.《적천수》를 공부할 때는 그 백미라고 할 수 있는 〈천간〉 편을 읽으면서 문장의 유려함과 은유의 심오함에 경탄을 금할 수 없었다.

특히 "무토고중(戊土固重) 기중차정(旣中且正)"에서 무토(戊土)를 중력으로 해석할 때는 가슴이 웅장해지는 느낌이 들었고, "계수지약(癸水至弱) 달어천진(達於天津)"에서 계수(癸水)를 정자(精子)로 천진(天津)을 자궁(子宮)으로 해석할 때는 신비롭기까지 했다. 세상에 이토록 오묘한 학문이 또 있을까 싶었다.

공부가 어느 정도 수준에 올라 주변 사람들 사주를 풀이해 주면서 "용하다, 족집게다, 귀신같이 알아맞힌다" 등의 찬사를 들으면 도사라도 된 듯한 기분이 들었다. 우쭐해서 앞일을 예측하며 감히 남의 인생사에 조언도 했다.

물론 사주 풀이가 맞지 않다는 말을 들을 때도 있었다. 그런 날은 밤늦게까지 그동안의 공부를 점검하면서 맞지 않은 이유를 찾으려고 노력했다. 이유를 확실하게 알 수 없는 경우도 종종 있었고 사주와 삶의 인과 관계에 의문이 들 때도 있었지만, 그래도 일단 내 실력이 부족하기 때문이니 공부를 더 열심히 해야 한다고 다짐했다.

그렇게 사주 공부에 심취하여 7~8년의 세월이 흐른 어느 날, 지인의 소개로 50대 초반 남자의 사주를 보게 되었다. 일지가 용신인 사주였다. 배우자를 가리키는 일지가 용신이고 정인(正印)이니 헌신적인 부인을 만나 내조를 받으며 행복해야 할 사주였다. 그렇게 풀이했더니 그는 전혀 그렇지 않다고 사정을 털어놓으며 몇 년 전에 이혼했다고 했다.

나는 말문이 막히고 당황했다. 내가 무엇을 잘못 보았길래 사주와 실제 삶이 이렇게 다른 것일까? 마침 그가 기억하고 있어서 이혼한 부인의 사주도 보았는데, 부부의 일간이 상생이니 궁합도 좋았다. 그런데 왜 이 부부는 이혼을 했을까? 사주 풀이의 적중 여부는 내 실력과 상관없다는 생각이 들었다. 다른 이론이나 신살 따위의 잡다한 것들을 동원해서 꿰맞추고 싶지는 않았다.

그 무렵부터 나는 사주 여덟 글자와 삶의 인과적 연관성, 사주 이론 자체의 합리적 근거 등에 의문을 품기 시작했다. 비판적 관점에서 보기 시작하니 예전과 전혀 다르게 보였다. 그동안 당연하게 보이던 것들이 당연하지 않게 보였다. 사주의 간지로 길흉을 추정하는 것은 이치에 맞지 않는 허망한 일이라면서 "세상의 군자들이여, 세 번 생각해 보라"고 외친 다산 정약용의 〈갑을론〉이 내 이성을 흔들어 깨웠다.

그동안 나를 매료했던 사주명리학의 모든 이론이 실체적 근거 없이 글자들 사이에서 펼쳐지는 관념의 유희라는 생각이 들었다. 한편으로는 아무 근거도 없이 천 년 세월 동안 존속되었을 리가 없는데 혹시 남들은 다 아는 자명한 근거를 나만 모르고 있는 것은 아닐까, 하는 생각도 슬며시 들었다.

그러나 어떤 사주명리 책에서도 근거를 찾을 수 없었다. 어떤 책을 보아도 "~하다, ~이다" 등의 단언, 성경 창세기를 방불케 하는 단언의 나열이 있을 뿐이었다. 아무것도 자명하지 않은데, 모든 이론이 마치 의심의 여지가 없는 진리인 것처럼 서술되어 있었다.

동양철학박사라는 자부심이 대단한 어떤 저자에게 메일로 근거를 문의했더니, 혼자 알아서 생각해야지 그걸 왜 자기한테 묻느냐며 역정을 냈다. 아무런 근거도 제시하지 못하고 고무다리 긁는 소리만 하면서 우기는 저자도 있었고, 아예 답장을 하지 않는 저자도 있었다.

나는 사주명리 관련 도서를 폭넓게 탐독하기 시작했다. 어쩌면 누군가는 나와 같은 문제의식을 갖지 않았을까, 그렇다면 그것을 어떻게 해결했을까, 궁금했기 때문이다. 높은 판매 지수를 기록하고 있는 조용헌, 고미숙, 강헌, 양창순 등의 저서가 눈에 띄었다. 사주명리학에 일가견이 있는 것처럼 보이는 그들 주장의 요지는 다음과 같았다.

강호동양학자로 일컬어지는 조용헌은 《조용헌의 사주명리학 이야기》에서 "사주명리학이란 천문을 인문으로 전환한 것"이라면서 사주명리학에는 "인간과 인간, 인간과 지구, 인간과 우주의 관계에 대한 동아시아 문명 5천 년의 성찰이 축적되어 있다"라고 주장했다.

고전평론가 고미숙은 《나의 운명 사용설명서》에서 "운명이란 인생의 우주적 변곡선"이라면서 사주를 보는 것은 "내 안의 우주적 흐름을 보는 것"이라고 주장했다.

음악평론가 강헌은 《명리, 운명을 읽다》에서 "명리학이야말로 그 어떤 서양의 학문 체계보다도 인간과 우주의 관계, 인간 그 자체의 본질에 접근하는 데 있어서 많은 혜안을 던져주는 합리적인 학문"이라고 주장했다.

또 정신과 전문의 양창순은 《명리심리학》에서 "내가 태어난 바로 그 장소, 그 시각의 우주의 에너지를 표현한 것"이 사주라면서 사주명리학이 "우주에 가득 찬 기로 내 출생의 비밀을 밝히는 학문"이라고 주장했다.

모두 우주를 배경으로 한 정말 신비롭고 매력적인 주장이었다. 사주명리학을 공부하면 우주와 인간, 인간과 인간, 그리고 나 자신에 대한 모든 것을 통찰할 수 있다는 경이로운 주장이었다. 그러나 사주명리학 신봉자라고 불러도 좋을 그들에게는 한 가지 두드러진 공통점이 있었다. 자신의 주장을 뒷받침할 수 있는 합리적 근거를 아무것도 제시하지 않는다는 점이었다.

그들의 책 어디에도 사주와 삶의 인과적 연관성이나 사주 이론 자체의 합리성에 대한 진지한 고찰은 없었다. 그들은 근거에 대한 어떤 의문이나 고민도 없이 자신의 경험을 간증처럼 소개하면서 사주명리학을 과대 포장하고 있었다. 아무런 지식도 생산하지 못하는 그들의 현란한 장광설에는 성급한 일반화의 오류와 견강부회, 허황된 주장들이 난무하고 있었다. 우주는 너도 나도 그냥 두드리는 동네북이었다.

나는 사주명리학의 뿌리를 찾아보기로 했다. 춘추전국시대부터 진한시대에 이르기까지 사주명리학과 전혀 무관하게 형성된 음양론, 오행론, 간지론 등을 전용하고 변용하면서 운명을 추론하는 술수로 당송시대에 개발된 것이 사주명리학이다.

나는 사주와 삶의 인과적 연관성, 사주 이론 자체의 합리적 근거 등에 대한 의문을 스스로 해결하기 위해 사주명리학 이론의 토대가 되는 음양론, 오행론, 간지론 등에 관한 춘추전국시대와 진한시대의 문헌들부터 찬찬히 살펴보기 시작했다.

사주명리학이 성립된 당송시대의 고전들도 섭렵했고, 고전의 반열에 올라 있는 명청시대의 저술과 대만 및 중국의 저술도 두루 살펴보았다. 주요 논문과 인접 학문의 연구 성과들도 참고했다. 사주명리학의 합리적 근거를 찾기 위한 기나긴 여정이었다. 이 책은 그 여정의 정직한 결과물이다.

천간과 지지의 각 글자가 음양의 변화에 따른 자연의 모습을 나타내는 부호로 성립되는 과정, 그리고 그것이 방위와 계절에 연계되면서 낱낱의 글자에 오행과 음양이 부여되는 과정을 춘추전국시대와 진한시대 등 고대의 문헌들을 들추며 추적하는 일은 흥미진진했다. 자연의 변화를 음양오행과 간지로 나타내려는 고대 중국인들의 노력에서 그들의 자연관을 엿볼 수 있었다.

그러한 노력의 성과를 토대로 성립된 사주명리학의 이론적 전제는 태어날 때 받은 자연의 기운에 의해 운명이 정해진다는 자연정명론이다. 전제에 충실하게 이론이 전개되려면 태어난 연월일시를 표기하는 육십갑자 간지의 음양오행이 자연의 기운을 나타내야 한다.

그러나 사주명리학의 이론 체계에는 치명적인 오류가 있다. 사주 여덟 글자에서 월지와 시지를 제외한 나머지 여섯 글자는 자연의 기운과 무관하므로 음양오행을 가질 근거가 없다. 그러므로 사주 여덟 글자의 간지를 모두 음양오행으로 해석하는 이론 체계는 논리적으로 성립될 수 없다.

그 치명적인 오류는 천간과 지지 각각의 글자에 부여된 음양오행을 육십갑자 간지에 적용함으로써 발생한 것이다. 천간과 지지의 규칙적인 조합으로 구성된 육십갑자는 60진법 기수법으로서 자연의 기운과 무관하게 순환한다. 다만 사주의 월지와 시지가 자연의 기운과 결부될 수 있는 것은 12지지가 12월과 12시에 대응하기 때문이다.

사주명리학은 음양오행이 부여된 표상으로서의 간지를 해석하는 학문이다. 음양오행이 마르고 닳도록 강조된다. 그런데 그 이론 체계에 음양오행의 오류가 있다는 사실은 십성론, 용신론 등 개별적인 모든 이론이 논리적으로 오류라는 것을 의미한다. 사주와 삶의 인과적 연관성이나 합리적 근거는 고사하고 애초에 이론 자체가 성립되지 않는 것이다.

육십갑자 음양오행의 오류를 불가피한 전제로 받아들여 묵인하더라도 오행 생극 규칙의 성립 당위성, 월지와 실제 계절의 불일치, 지장간 문제, 한 해의 시작과 하루의 시작 기준, 근묘화실에서 단적으로 드러나는 은유와 실제의 문제, 대운의 인위성, 용신의 가변성, 동일 사주의 문제 등 사주 이론은 수많은 문제와 허점으로 점철되어 있다.

그럼에도 불구하고 오늘날 사주명리학은 인문학적 지식과 상상을 뒤섞어 마치 검증된 사실인 것처럼 떠벌리는 일부 인사들에 의해 터무니없이 과장되고 잔뜩 분칠이 되어 있다. 너도나도 앵무새처럼 우주를 말하고 운명을 말하면서 사주로 '나'를 알 수 있다는 어이없는 주장도 서슴지 않는다. 그들이 어떻게 그런 경지에 도달했는지, 아니면 어쩌다 그 지경이 되었는지 모르겠지만, 사주에는 우주도 없고 운명도 없고 '나'도 없다.

무지가 맹신을 낳는다. 모르면 믿게 되고, 믿으면 매이게 된다. 매이지 않기 위해서는 알아야 한다. 알면, 믿고 안 믿고의 문제를 벗어나 자유로울 수 있다. 이 책이 사주명리의 실상을 아는 데 조금이라도 도움이 되면 좋겠다. 그래서 모두가 팔자에 매이지 않는 자유로운 삶을 누리면 좋겠다.

차례

四柱命理

1부

사주로 운명을
알 수 있다고?

518,400가지 '운명'

  사주는 몇 가지가 있을까? 연주(年柱)·월주(月柱)·일주(日柱)·시주(時柱)를 구성하는 육십갑자의 경우의 수를 곱하면 답이 나온다. 그래서 60×60×60×60=12,960,000가지의 사주가 있다고 말하는 사람들이 있다. 그러나 이 계산 방법에서 간과되고 있는 것은, 월주(月柱)의 자리와 시주(時柱)의 자리에는 육십갑자 간지가 모두 올 수 있는 것이 아니라 정해진 12개만 올 수 있다는 사실이다.

  연주는 육십갑자의 순환이므로 경우의 수는 60이다. 월주에는 육십갑자가 다 올 수 있는 것이 아니라 연주에 따라 올 수 있는 간지 12개가 정해져 있다. 일주는 월주에 따라 정해져 있는 것이 아니라 육십갑자가 모두 순환하므로 경우의 수는 60이다. 시주에는 육십갑자가 다 올 수 있는 것이 아니라 일주에 따라 올 수 있는 간지 12개가 정해져 있다. 그래서

60×12×60×12=518,400가지의 사주가 존재한다.

여기에서 흔히 등장하는 의문은, 한 달은 30일인데 왜 일주의 자리에 30이 아니라 60을 대입하느냐는 것이다. 한 달이 항상 30일인 것은 아니지만, 편의상 30일로 계산하면 60×12×30×12=259,200가지의 사주가 있다고 말하는 사람들이 있다.

실제로 사주를 작성하면서 확인해 보겠다. 1962년 임인년 계묘월을 예로 들면, 1962년 3월 6일 오후 10시 40분에 출생한 사람의 사주는 아래 〈사주1〉이다. 3월 6일을 예로 든 이유는 1962년 계묘월이 시작하는 경칩 절입일이 3월 6일이기 때문이다.

〈사주1〉

時	日	月	年
癸 亥	癸 卯	癸 卯	壬 寅

1962년 4월 4일 오후 10시 40분에 출생한 사람의 사주는 아래 〈사주2〉이다. 4월 4일을 예로 든 이유는 1962년 계묘월의 마지막 날이기 때문이다.

〈사주2〉

時	日	月	年
辛 亥	壬 申	癸 卯	壬 寅

만세력을 보면 알 수 있듯이 1962년 계묘월에는 3월 6일의 계묘(癸卯)부터 4월 4일의 임신(壬申)까지 30개의 일주가 존재한다. 그러므로 일주의 자리에 30을 대입하여 60×12×30×12 계산식이 맞을 것 같다는 생각이 든다. 그러면 임인년 계묘월의 일주에는 계묘부터 임신까지 30개 이외의 간지는 존재하지 않는 것일까?

확인을 위해 위의 〈사주2〉에서 연주와 월주를 그대로 두고 일주만 임신의 다음 순서인 계유로 바꿔 보자. 그러면 다음과 같은 〈사주3〉이 된다.

〈사주3〉

時	日	月	年
癸亥	癸酉	癸卯	壬寅

여전히 임인년 계묘월이다. 한 번 더, 위의 〈사주3〉에서 일주 계유를 그다음 순서인 갑술로 바꾸면 다음과 같은 〈사주4〉가 된다.

〈사주4〉

時	日	月	年
乙亥	甲戌	癸卯	壬寅

또 여전히 임인년 계묘월이다. 이로써 임인년 계묘월의 일주에 계묘부터 임신까지 30개의 간지만 오는 것이 아니라 그 이외의 간지도 온다는 사실을 알 수 있다. 즉 월주와 무관하게 일주의 자리에 60개의 간지가 모두 올 수 있다.

그러면 위의 〈사주3〉과 〈사주4〉가 가리키는 때는 언제일까? 〈사주2〉가 1962년 4월 4일이므로 일주를 다음 순서로 바꾼 〈사주3〉은 1962년 4월 5일일까? 그렇지 않다.

〈사주3〉은 1962년 임인년 계묘월에는 존재하지 않는다. 컴퓨터나 핸드폰의 디지털 만세력에 간지를 입력하여 확인하면 〈사주3〉은 2022년 3월 21일에 해당한다. 일주의 간지를 연속해서 대입한다고 해서 꼭 날짜가 연속되는 것은 아니다. 〈사주3〉은 1782년 3월 19일과 1722년 4월 3일 등에도 해당한다.

〈사주4〉가 가리키는 때도 1962년 임인년 계묘월에는 존재하지 않는다. 〈사주4〉는 2022년 3월 22일에 해당한다. 1842년 3월 6일, 1782년 3월 20일, 1722년 4월 4일 등도 같은 사주에 해당한다.

물론 처음에 예를 들었던 〈사주1〉도 꼭 1962년 3월 6일에만 해당하는 것은 아니다. 디지털 만세력으로 확인해 보면 〈사주1〉은 1902년 3월 21일, 1842년 4월 4일, 1662년 3월 18일, 1602년 4월 2일 등에도 해당한다.

〈사주2〉도 꼭 1962년 4월 4일에만 해당하는 것은 아니다. 2022년 3월 20일, 1782년 3월 18일, 1722년 4월 2일 등에도 해당한다.

연월일시는 끝없이 계속되지만 사주는 개수가 한정되어 있으므로 하나의 사주가 하나의 연월일시만 나타내는 것은 아니다. 사주는 반복된다. 같은 사주는 빠르면 60년 만에, 늦으면 240년 만에 다시 나타난다.

예를 들면 1965년 3월 7일에 출생한 사람의 사주는 1905년 3월 22일, 1665년 3월 19일, 1605년 4월 3일 등에도 해당한다. 1965년과 1905년의 사이에 60년, 1905년과 1665년의 사이에는 240년의 간격이 있다.

어쨌든 여기에서 분명하게 알 수 있는 것은, 일주에 60개의 간지가 올 수 있다는 사실이다. 그래서 사주는 60×12×60×12 계산 방법에 따라 518,400가지가 존재한다.

흔히 말하기를, 현재 우리나라에 같은 사주를 가진 사람이 약 100명이라고 한다. 100명은 현재 인구 약 5천만을 사주 경우의 수 518,400으로 나누어 얻은 근사치다. 그러나 그것은 틀린 계산 방법이다. 왜냐하면 사주 518,400가지는 동시대에 존재할 수 없기 때문이다.

그렇다면 518,400가지의 사주가 모두 등장하기 위해서는 어느 정도의 기간이 필요할까? 사주는 두 시간 간격으로 바뀐다. 즉 사주에서 하루는 12시간이다. 그러므로 518,400을 12로 나누면 518,400가지의 사주가 등장하는 데 필요한 일수를 알 수 있다. 43,200일이 필요하다. 이것을 365로 나누면 약 118이다. 518,400가지의 사주가 모두 등장하는 데 산술적으로 약 118년이 걸린다는 말이다.

그런데 왜 같은 사주가 빠르면 60년 만에 다시 나타나는 것일까? 518,400가지 사주가 간지의 순서대로 한 바퀴 돌아야 같은 사주가 다시 등장하는 것이 아니기 때문이다. 앞서 〈사주2〉와 〈사주3〉을 통해서 예를 들었듯이, 어떤 달의 마지막 날짜에 해당하는 사주의 일주를 그다음으로 바꾸면 간지는 연속되지만 가리키는 날짜가 그다음인 것은 아니다.

같은 사주가 빠르면 60년 만에 다시 나타나는 이유는 같은 태세와 같은 월건이 60년 만에 돌아오기 때문이다. 태세는 연도를 나타내는 간지를 뜻하고, 월건은 월을 나타내는 간지를 뜻한다. 같은 태세와 같은 월건이 돌아왔을 때 같은 달에 같은 일진이 있으면 60년 만에 같은 사주가 등장하게 된다. 그래서 같은 사주의 가장 빠른 주기가 60년이 되는 것이다. 주기가 일정하지 않은 이유는 한 달의 일수가 일정하지 않기 때문이다.

요점만 간단히 정리하면, 사주는 518,400가지가 있으며 현재 우리나라에 같은 사주를 가진 사람 수는 현재 우리나라 인구를 518,400으로 나누어서는 알 수 없다.

같은 사주를 가진 사람의 수는 태어난 연도에 따라, 즉 나이에 따라 다르다. 인구 통계 자료에 집계된 그해 출생아 수를 365로 나누면 하루 평균 출생아 수를 알 수 있고, 그것을 다시 12로 나누면 그해 같은 사주를 갖고 태어난 사람 수를 대략 알 수 있다.

사주로 '나'를 알 수 있는가?

    사주로 '나'를 알 수 있다고 주장하는 이들이 있다. 똑같은 사주를 가진 사람이 다수이므로 사주는 내 고유의 것이 아닌데 어떻게 그것으로 '나'를 알 수 있다는 말일까? 우선 똑같은 사주를 가진 사람의 수를 계산해 볼 필요가 있겠다. 그것은 태어난 연도에 따라 다르다. 1970년에 우리나라에서 태어난 사람을 예로 들어 계산하면 다음과 같다.

    통계청이 운영하는 국가통계포털[1] 자료에 따르면 1970년 우리나라 출생아 수는 1,006,645명이었다. 하루 평균 약 2,760명이 태어났다. 사주에서 하루는 12시간이므로 12로 나누면, 같은 시에 약 230명이 태어난 셈이다. 1970년에 우리나라에서 태어난 사람 중에서 사주가 같은 사람이 약 230명이라는 뜻이다. 실제

---

1 https://kosis.kr/index/index.do

로는 다르겠지만 산술적인 평균은 그렇다.

예를 들면 1970년 5월 12일 오후 2시 20분에 태어난 사람의 사주는 다음과 같다.

時	日	月	年
丁未	壬辰	辛巳	庚戌

그런데 1910년 5월 27일, 1730년 5월 10일, 1670년 5월 24일 미시(未時)에 태어난 사람도 위와 같은 사주이다. 그리고 아직 태어나지 않았지만, 2150년 5월 28일 미시에 태어날 사람의 사주도 위와 같다. 이러한 사실은 컴퓨터나 핸드폰의 디지털 만세력을 이용하면 쉽게 확인할 수 있다. 사주는 연월일시를 나타내는 육십갑자의 규칙적인 순환에 따라 518,400가지가 정해져 있기 때문이다.

이로써 알 수 있는 것은, 같은 사주를 가진 사람은 동시대에 다수 존재하며 과거와 미래를 포함하면 더 많이 존재한다는 사실이다. 지역적으로 우리나라를 벗어나서 일본, 중국 등지를 포함하면 같은 사주를 가진 사람은 훨씬 더 많다.

통계 자료에 따르면 1970년 일본에서는 1,934,239명이 태어났고 중국에서는 27,356,000명이 태어났다. 따라서 일본과 중국을 포함하여 계산하면 1970년에 태어난 사람 중에서 사주가 같은 사람은 약 7,000명이다. 사주명리학 이론이 유효하다는 북반구

전체로 범위를 넓혀 과거와 미래를 포함하면 같은 사주를 가진 사람은 가늠할 수 없이 많아진다.

같은 사주를 가진 사람 중에는 남자도 있고 여자도 있다. 이미 죽은 사람도 있고 아직 태어나지 않은 사람도 있다. 건강한 사람도 있고 병약한 사람도 있고, 부유한 사람도 있고 가난한 사람도 있고, 외향적인 사람도 있고 내향적인 사람도 있을 것이다. 미혼, 기혼, 이혼, 재혼, 사별 등 혼인 상태도 저마다 사정이 다르고 직업도 각양각색일 것이다.

그러므로 사주를 보고 남자인지 여자인지, 산 사람인지 죽은 사람인지, 건강한지 병약한지, 부유한지 가난한지, 성격이 어떤지, 혼인 상태가 어떤지, 직업이 무엇인지 등 특정 개인에 관한 사항을 알 수는 없다. 사주로 알 수 있는 개인의 고유한 특성은 아무것도 없다. 하물며 지극히 개인적인 운명을 어찌 알 수 있겠는가.

그렇다면 우리는 아무것도 알 수 없는 완전히 불확실한 삶을 사는 수밖에 없을까? 사주는 아무 쓸모 없는 것이란 말인가? 이런 의문에 대한 대답을 연세대학교 사회학과 교수 강정한의 석사 논문에서 발견할 수 있다.

점복의 논리 구조를 카오스 이론으로 분석한 강정한은 "우리는 현실이 아무리 복잡하거나 불확실하더라도 그 현실을 완전히 불규칙하거나 무질서한 것으로 내버려두지 않고 어떠한 방식으로든 설명하려 한다"[1]라고 말한다. 그에 따르면 사주나 점

---

1 강정한, 《사주점복의 카오스적 설명에 관한 연구》, 서울대학교 대학원 사회학과 석사 논문 (1998년 2월), 68쪽.

복 등은 "복잡한 현실을 효과적으로 범주화하고 서술하는 체계를 통해 확률적인 정보량"[1]을 높이려는 서비스업이다.

한편 중국의 언어학자이며 명리학자인 육치극은 "중국의 광활한 영토에서 (중략) 두 시간 안에 태어날 수 있는 아이들이 얼마나 많겠는가!"[2]라면서 사주명리학이 개인에 대해 말할 수 있는 것은 "기껏해야 유(類) 개념일 뿐"[3]이라고 지적한다. 육치극이 말하는 '유(類) 개념'은 강정한이 말하는 범주화의 한 유형에 해당하는 것이다.

이상의 내용을 요약하면 다음과 같다. '나'의 사주는 518,400가지 중에서 하나다. 사주명리학 이론이 유효하다는 북반구에 '나'와 같은 사주를 가진 사람의 수는 과거와 미래를 포함하면 무수히 많다. 사주로 개인의 고유한 특성을 알 수는 없다. 사주명리학에 호의적인 학자들은 '범주화' 또는 '유(類) 개념'을 제시한다.

그럼에도 불구하고 사주로 '나'를 알 수 있다고 주장하는 이들은 어떤 '나'를 말하는 것일까? 개성이 포착되지 않은 유형 집단의 구성원을 '나'라고 말하는 것일까? 그들이 말하는 '나'는 과연 누구인가? 도대체 '나'를 뭘로 보는가? 사주만 보면 그 사람의 모든 것을 알 수 있다는 주장은 사주 귀신에 씌어서 이성을 잃은 자의 헛소리에 불과하다.

---

1 강정한, 《사주점복의 카오스적 설명에 관한 연구》, 서울대학교 대학원 사회학과 석사 논문 (1998년 2월), 68쪽.
2 육치극 지음, 김연재 옮김, 《명리학의 이해 II》, 사회평론 2018, 507쪽.
3 위와 같은 곳.

사주가 통계일 수 없는 이유

사주명리학이 통계를 기반으로 한 학문이라고 주장하는 이들이 있다. 수천 년 동안 축적된 데이터를 토대로 성립된 학문이라는 것이다. 그러나 통계 데이터를 제시하는 사람은 아무도 없다. 제시할 수 없기 때문이다. 사주명리학의 통계 데이터라는 것은 존재하지 않는다. 존재하지 않는 이유는 다음과 같다.

사주명리학의 이론 체계를 통계적으로 확립하려면 사주 경우의 수 518,400가지를 모두 간명해야 한다. 경우의 수가 불확실한 것도 아니고 무한한 것도 아닌데, 감히 남의 운명에 대해서 말하려면 그 정도는 해야 하지 않겠는가? 간명(看命)은 운명을 본다[看]는 뜻으로 사주명리에서 쓰이는 용어다.

그러나 어떤 천부적인 역술가가 태어나자마자 말을 하면서 사주를 보기 시작하여 죽을 때까지 사주를 보아도 518,400가지의 사주를 모두 볼 수는 없다. 하루에 간명할 수 있는 인원 수에 한계가 있을 뿐만 아니라, 역술가의 수명도 118년에 이르지 못할 것이기 때문이다.

118년은 518,400가지의 사주가 모두 나타나는 데 필요한 대략의 기간이다. 사주에서 하루는 12시간이므로 518,400을 12로 나누면 518,400가지의 사주가 등장하는 데 필요한 일수를 알 수 있다. 43,200일이 필요하다. 이것을 365로 나누면 약 118이다. 518,400가지의 사주가 모두 등장하는 데 산술적으로 약 118년이 걸린다는 말이다.

그런데 어떤 역술가가 200년 장수를 누린다고 가정하더라도 518,400가지의 사주를 모두 간명할 가능성은 없다. 그 사람들이 모두 그 역술가를 찾아가지는 않을 것이기 때문이다.

이로써 사주명리학의 이론 체계가 통계를 기반으로 하여 실증적으로 성립된 것이 아니라는 사실을 알 수 있다. 수많은 역술가가 뜻을 모아 세대를 이어가며 작성한 간명 자료가 있으면 통계가 가능할 수 있겠으나 그런 자료는 없다.

더군다나 518,400가지 자료 한 세트만 가지고 통계를 낼 수는 없다. 통계적으로 유의미한 결과를 얻으려면 적어도 몇백 또는 몇천 세트의 표본이 있어야 한다. 같은 사주를 가진 사람을 적어도 몇백 명 내지 몇천 명 정도는 표본으로 삼아 간명을 해야 그 사주의 어떤 경향성을 파악할 수 있을 것이기 때문이다.

MBTI는 16가지인데 사주는 518,400가지이므로 사주가 훨씬 더 정확하다고 주장하는 이들이 있다. 그러나 그런 주장은 경우의 수에 주목하면 타당성이 있으나 실제로 비교할 수는 없다. MBTI에는 16가지 유형별 설명이 있지만 사주에는 518,400가지에 대한 유형별 설명이라는 것이 없기 때문이다. 사주 518,400가지 유형의 경향성에 관한 자료는 존재하지 않는다.

사주명리학의 대부분 이론은 일간이 무엇일 때, 일간이 어떤 무엇을 만났을 때, 이를테면 식신생재일 때 등 부분적 특성에 따라 이 경우에는 삶이 어떠어떠하다는 식으로 이론이 전개된다. 그러나 사주 원국 전체를 고려하지 않은 그런 식의 이론 전개는 장님 코끼리 만지기와 다를 바 없다.

이를테면 식신생재도 일간에 따라 갑목이 식신일 수 있고, 병화가 식신일 수 있고, 축토가 식신일 수 있고, 해수가 식신일 수 있는 등 여러 경우가 있다. 재성도 마찬가지로 여러 경우가 있고, 식신이 재성을 만날 때 식신과 재성의 주변 상황도 사주 원국에 따라 다르다. 유명인의 사주를 그 사람에 맞추어 풀이하는 것은 장님이 코끼리의 어느 부분을 만지는지 미리 알고 만지는 것과 같다.

그러므로 통계적으로 설득력 있는 이론 체계를 정립하려면 동일 사주를 최소한 몇백 개는 간명해야 한다. 그래서 어떤 특성이 나타나면 그 특성이 다른 사주에서도 나타나는지 비교해야 한다. 만일 그 특성이 다른 사주에서도 나타난다면 그것은 그 사주의 특성이라고 할 수 없다. 최소한 그 정도의 과정은 거쳐야 사주명리학이 통계를 기반으로 한 학문이라고 주장할 수 있는 것이다.

동일 사주는 아니지만, 오랜 경험을 가진 역술가 개인이 비슷한 특성을 가진 사주를 간명하면서 파악한 부분적 경향성은 있을 것이다. 그래서 역술가들은 "내가 수십 년 상담을 해 보니 그렇더라"는 말을 종종 한다.

그러나 그것이 사회적으로 의미를 갖는 통계가 되려면 내가 상담을 해도 그렇고, 남이 상담을 해도 그렇고, 누가 상담을 하든지 그러해야 한다. 그래야 개인의 경험에 그치지 않고 사주명리학을 실증적으로 지탱할 수 있는 통계가 되는 것이다. 그런데 현실은 그렇지 않다. 역술가마다 말이 다르다. 하나의 사주에 각인각색의 풀이가 있다.

요컨대 사주명리학은 통계를 기반으로 성립된 학문이 아니다. 그리고 역술가 개인이 오랜 경험을 통해서 파악한 부분적 경향성도 다른 역술가에게서는 다르게 파악될 수 있으므로 사실 부분적 경향성이라고 할 수 없다. 그것은 통계적 가치가 없는 개인의 오랜 경험에 따른 직관이다. 그래서 '용한' 점쟁이가 있는지도 모르겠지만 '항상 용한' 점쟁이는 없는 것으로 보아 직관이라는 것도 별로 신뢰할 만한 것은 아닌 듯하다.

엉터리 실험과 부실한 연구

2023년 4월 티빙에서 방영되었던 〈MBTI vs 사주〉는 MBTI와 사주의 예측 능력을 비교하는 실험 형식의 예능 프로그램이었다. MBTI는 이 글의 관심사가 아니므로 논외로 하고, 실험도 첫 번째 실험에 대해서만 소감을 적어 보겠다. 다른 실험에 대해서도 비슷한 생각이니 굳이 각각 언급할 필요를 느끼지 않는다.

첫 번째 실험은, 흥겨운 음악이 나올 때 "사주에 식상이 있는 사람이 춤을 출 것"이라는 예측이 얼마나 맞는지 확인하는 것이었다. 실험 결과, 이 프로그램의 전체 참가자 150명 중에서 12명이 춤을 추었고, 그중에서 9명의 사주에 식상이 있었다. 그래서 춤을 춘 12명의 75%에 해당하는 9명의 사주에 식상이 있으므로 사주의 적중률은 75%라는 것이 결론이었다.

그런데 이 실험은 애초에 설계가 잘못되었다. 전체 참가자 150명 중에서 8%에 해당하는 12명이 춤을 추었는데, 나머지 춤을 추지 않은 138명의 사주에 식상이 있는지의 여부를 알 수 없기 때문이다. 그러므로 사주의 적중률이 75%라는 결론은 오류다. 이 실험을 통해서는 "흥겨운 음악이 나올 때 사람이 춤을 출 확률은 8%"라는 추정이 가능할 뿐이다.

그리고 이 실험에서 강조하는 적중률은 사실 적중률이 아니라 확률이다. 이 실험은, 사주에 식상이 있는 사람이 춤을 출 확률과 MBTI의 E 유형이 춤을 출 확률을 비교하여 어느 쪽 확률이 더 높은지를 비교하는 확률 비교 실험이었다.

그렇다면 사주에 식상이 있는 사람이 춤을 출 확률은 얼마나 될까? 이 실험을 통해서는 사주에 식상이 있는 사람이 춤을 출 확률을 알 수 없다. 사주에 식상이 있는 사람이 춤을 출 확률을 알고 싶으면, 사주에 식상이 있는 사람들을 모아 놓고 그중에서 몇 명이 춤을 추는지 봐야 한다. 표본의 수는 많을수록 좋다.

예를 들어 식상이 있는 사람 100명 중에서 75명이 춤을 추었다면, 식상이 있는 사람이 춤을 출 확률은 75%라고 말할 수 있다. 그러나 그렇더라도 사실 그 실험은 별로 의미 있는 실험이 아니다. 식상과 춤의 상관관계에 아무런 의미를 부여하지 못하기 때문이다.

식상과 춤의 유의미한 상관관계를 실험을 통해서 밝히려면, 식상이 있는 사람 A그룹과 식상이 없는 사람 B그룹을 같은 수로 구성해야 한다. 그리고 각 그룹에서 몇 명이 춤을 추는지를 봐야 한다.

식상이 있는 A그룹에서 75%가 춤을 추고 식상이 없는 B그룹에서 5%가 춤을 추었다면, 식상과 춤의 상관관계는 유의미하다고 해석할 수 있다. 그런데 만일에 A그룹에서 춤을 춘 사람이 75%고 B그룹에서 춤을 춘 사람이 70%였다면, 식상이 있으나 없으나 비율이 비슷하므로 식상과 춤은 유의미한 상관관계가 없다는 것을 알 수 있다.

반대로 A그룹에서 5%가 춤을 추고 B그룹에서 75%가 춤을 추었다면, 식상이 없는 사람이 춤을 출 확률이 더 높다고 해석할 수 있을까? 그렇게 해석할 수 있다. 그렇지만 그런 해석보다는, 식상이 있는 사람은 춤을 출 확률이 낮다고 해석하는 것이 식상에 주목한 해석이다.

실험을 더욱 정교하게 설계하려면, 표본을 성별과 연령대에 따라 분류해야 한다. 장소와 분위기 등 실험 환경도 중요하고 실험 시간대도 중요하다. 경험적 연구에서 실험 설계와 실험 결과의 해석은 연구자의 실험 의도에 많이 좌우된다. 이때 필수적인 것은 학문적 엄밀함이다.

〈MBTI vs 사주〉는 학술 목적이 아니라 시류에 따른 흥미 위주의 예능 프로그램이었으니 그럴 수 있겠지만, 문제는 사주명리학 관련 논문에서도 학문적으로 엄밀하지 못한 경험적 연구가 드물지 않게 눈에 띈다는 사실이다. 게다가 그런 연구의 결과를 근거로 어이없는 주장을 하는 경우에는 할 말을 잃게 된다.

예를 들면, 재소자 85명을 대상으로 삼형(三刑), 천라지망(天羅地網), 재살(災殺), 충(沖) 등 신살(神殺)과 범죄의 관련성을 연구한 유경진은 78명의 사주에서 '삼형 관련성'이 나타났다면

서 삼형과 형벌이 91.8%에 이르는 높은 관련성을 갖고 있다는 결론을 내렸다.[1]

그는 사주 원국에 삼형이 있는 경우, 대운(大運)이 사주 원국과 삼형을 이루는 경우, 범죄를 저지른 날의 연월일(年月日) 간지가 사주 원국과 삼형을 이루는 경우 등을 삼형 관련성으로 보았다. 91.8%라는 높은 비율은 그러한 포괄적인 범주에 기인한다.

그러나 유경진의 연구를 근거로, 사주에 삼형 관련성이 있는 사람이 범죄를 저지를 확률이 91.8%라고 주장할 수는 없다. 그의 연구로는 삼형과 범죄의 유의미한 상관관계를 알 수 없다. 삼형 관련성이 있지만 재소자 아닌 사람은 연구에 포함되지 않았기 때문이다.

실제로는 삼형 관련성이 있지만 재소자 아닌 사람이 훨씬 더 많을 것이다. 세상에는 재소자보다 재소자 아닌 사람이 훨씬 더 많기 때문이다. 그러므로 재소자의 사주만으로는 삼형과 범죄의 유의미한 상관관계를 밝힐 수 없다. 예능 프로그램에서 춤을 춘 사람의 사주만으로는 식상과 춤의 유의미한 상관관계를 밝힐 수 없는 것과 마찬가지다.

그럼에도 불구하고 유경진은 범죄자가 될 가능성이 많은 사주를 가진 사람에게 준법정신을 함양할 수 있는 교육을 하면 범죄를 미연에 방지할 수 있다고 주장한다. 오늘날 대체로 배척되고 있는 신살을 근거로, 그것도 부실한 경험적 연구를 근거로,

---

1 유경진,《실정법 위반에 관한 명리학적 연구》. 원광대학교 동양학대학원 동양학과 석사 논문 (2005년 12월).

선량한 사람을 사주에 따라 잠재적 범죄자로 취급하는 유경진의 주장은 할 말을 잃게 만든다.

특정 집단에 속한 사람들의 사주를 분석한 연구로는 통계적으로 유의미한 결론을 내릴 수 없다. 특정 집단은 일종의 '작위적인 표본'에 해당하기 때문이다. 예를 들면 입원 환자들의 사주를 분석한 결과 사주에 어떤 특성이 나타났다고 해서 그런 특성의 사주를 가진 사람에게 질병이 있을 것이라고 단정할 수는 없다. 그런 특성의 사주를 갖고 있지만 건강한 사람들이 연구에 포함되지 않았기 때문이다.

실제로는 그런 특성의 사주를 갖고 있지만 건강한 사람이 훨씬 더 많을 것이다. 세상에는 환자보다 건강한 사람이 훨씬 더 많기 때문이다. 사주를 보고 건강한 사람을 잠재적 환자로 취급하는 것은, 사주를 보고 선량한 사람을 잠재적 범죄자로 취급하는 것과 마찬가지로 어이없는 일이다.

작위적인 표본에 해당하는 예를 하나 더 들겠다. 만일 키가 180cm 이상인 사람만 모아 놓고 사주를 보았는데 일간이 갑목인 사람이 70%라는 결과가 나왔다면 "일간이 갑목인 사람의 키가 180cm 이상일 확률은 70%"라고 주장할 수 있을까? 아니다. 그것은 왜곡된 주장이다. 그 실험을 통해서 "키가 180cm 이상인 사람의 일간이 갑목일 확률은 70%"라는 추정은 가능하다.

그러나 그것이 "일간이 갑목인 사람의 키가 180cm 이상일 확률이 70%"라는 것을 의미하지는 않는다. 실제로는 일간이 갑목이면서 키가 180cm 미만인 사람이 훨씬 더 많을 것이다. 왜냐하면 키가 180cm 이상인 사람보다는 미만인 사람이 훨씬 더 많기 때문이다. 그러므로 그런 실험은 엉터리 실험이다.

학술 목적의 경험적 연구를 위한 실험은 엄밀하게 설계되어야 하고, 더욱 엄밀하게 해석되어야 한다. 그리고 학자가 아닌 작가로서 강연을 하거나 책을 쓰는 경우에도, 양심이 있고 학문적 훈련이 조금이라도 되어 있다면 최소한의 엄밀성과 논리는 갖추어야 한다. 개인적인 경험이나 주변의 사례를 성급하게 일반화해서 이러쿵저러쿵하는 것은 사주라는 색안경을 쓰고 나팔을 부는 '아무 말 대잔치'일 뿐이다.

사주가 맞는 이유

사주에 대해서 비판적인 사람들은 흔히, 사주가 맞는 것은 '바넘 효과' 때문이라고 말한다. 바넘 효과는 19세기 말 미국의 사업가 바넘이 서커스 관객들에게 보여주었던 '성격 알아맞히기 쇼'에서 유래한 것인데, 사람들이 '보편적'으로 가지고 있는 특성을 자신만의 '고유한' 특성으로 여기는 심리적 경향을 가리킨다. 바넘 효과는 1948년 미국의 심리학자 포러에 의해 실험을 통해서 증명되었기 때문에 '포러 효과'라고도 한다.

포러의 실험은 심리학과 학생들을 대상으로 성격 검사를 실시하고, 검사 결과와 상관없이 모두 똑같은 내용이 적힌 결과지를 나누어 주는 것이었다. 그 내용은 "당신은 때로는 외향적이고 상냥하며 사교적이지만 어떤 때는 내향적이고 신중하며 수줍어합니다. 당신의 내면에는 아직 활용하지 않은 큰 에너지가 잠재해 있습니다. 성격상의 단점이 조금 있긴 하지만 그 단점들을 보상하는 장점도 지니고 있습니다."[1] 등과 같이 매우 일반적이고 모호한 문장으로 서술되어 있었다. 그럼에도 불구하고 대부분 학생들은 그것을 자신에게만 해당하는 개인적인 특성으로 받아들여 자신의 성격과 정확하게 일치한다는 반응을 보였다.

그렇다면 사주 풀이도 일반적이고 모호한데 사람들이 개인적 차원으로 받아들여서 공감하는 것일까? 그렇기도 하고 그렇지 않기도 하다. 사주 풀이에 "관리직이 적성에 맞다", "합리적인 성격이다", "승부욕이 강하지만 무리는 하지 않는다" 등 일반적으로 누구에게나 해당할 수 있는 모호한 표현이 있는 것은 사실이지만, 그렇다고 사주 풀이를 싸잡아서 모호하다고 폄하할 수는 없다.

예를 들면 "결혼을 두 번 하게 될 것", "내년에 중병을 앓게 될 것", "내후년에 외국으로 가게 될 것" 등의 말은 전혀 모호하지 않다. 그런 말은 맞든지 틀리든지 분명한 표현이다. 정말 신통하게 딱 맞을 때도 있다. 개인적으로 신통하게 맞는 경험을 한 사람은 대부분 사주를 맹신하게 된다.

그러나 조금만 생각해 보면, 분명한 표현도 꼭 자신에게만 해당하는 것이 아니라는 사실을 알 수 있다. 같은 사주를 가진 사람이 수없이 존재하기 때문이다. 나에게 신통하게 맞더라도 남들에게는 완전히 틀릴 수 있다. 개인적인 놀라운 경험은 사주에 대한 개인적 신뢰의 이유는 되겠지만, 그것이 사주의 공적 신뢰

---

1 재인용, 강준만,《흥행의 천재 바넘》. 인물과 사상사 2016, 81쪽.

도를 보장하는 것은 아니다.

그리고 세상에는 사주에 나타나 있지 않지만 결혼을 두 번 하는 사람도 있고, 내년에 중병을 앓는 사람도 있고, 내후년에 외국으로 가는 사람도 있다. 그렇듯이 분명한 표현도 사실은 개인적인 것이 아닌데 개인적인 차원으로 받아들인다면, 그것 역시 넓은 의미에서 바넘 효과에 속한다고 볼 수 있을 것이다.

그렇다면 사주 풀이가 맞는 이유는 오직 바넘 효과 때문일까? 다른 어떤 이유나 심리적인 작용은 없을까? 이와 관련하여 직접 경험한 에피소드를 한 가지 소개하겠다.

많은 사람들과 한 달 정도 합숙하면서 어떤 특별한 업무를 수행했던 적이 있다. 외출도 할 수 없고, 핸드폰을 휴대할 수도 없고, 인터넷도 사용할 수 없는, 외부와 완전히 차단된 환경이었다. 우리 팀은 나를 포함해서 40~60대 남자 5명이었다.

날마다 꽉 짜인 일정이었지만 그래도 휴식 시간에는 서로 담소를 나눌 수 있었다. 자연스럽게 사주 이야기를 하게 되었고, 다들 사주를 보고 싶어 했다. 그런데 가지고 있는 만세력 책도 없고, 핸드폰도 없고 인터넷도 없으니 디지털 만세력을 사용할 수도 없어서 사주 명식을 작성할 수 없었다.

혹시나 하고 자료실에 가 보았더니 아주 오래된 만세력이 한 권 있었다. 1980년대에 출간된 책이었는데 편집 형식이 요즘과 많이 달라서 보기에 매우 불편했다. 어쨌든 그래도 그 만세력을 보면서 팀 동료들의 사주 명식을 작성하여 사주 풀이를 했다.

개인적인 문제에 대해서 인생 상담을 하는 자리가 아니었으니, 간단하게 일간 주변의 십성에 따라 성격을 파악하고, 주운에 따라 인생 전체의 흐름을 추론하고, 십성궁에 따라 육친을 살펴보았다.

1명은 거의 맞지 않는다고 했고, 3명은 대체로 다 맞는다고 했다. 맞으면 맞는 대로 안 맞으면 안 맞는 대로 즐겁게 사주 풀이를 했는데, 그게 소문이 나서 다른 팀 사람들도 사주를 보고 싶다고 했다. 그래서 다음 날 휴식 시간에 다른 팀 4명의 사주를 보게 되었다. 30~40대 여자 4명이었다. 그들 모두 고개를 끄덕이며 맞는다는 반응을 보였다.

그렇게 이틀 동안 8명의 사주를 보았는데 1명을 제외한 7명이 대체로 다 맞는다고 했고, 그중 서너 명은 "귀신같이 맞는다, 소름 끼치게 맞는다"라고 감탄했다. 소름 끼친다는 말을 들을 때는 나도 소름이 끼쳤다. 그렇게 용하게 맞는다니 정말 놀라운 일이었다. "족집게다, 도사다, 돗자리 하나만 있으면 노후 걱정은 할 필요 없겠다" 등의 말을 들을 때는 괜히 기분이 좋아지고 정말 든든한 노후 대책이라도 마련한 듯한 느낌이 들었다.

그런데 자료실에서 빌려온 그 오래된 만세력이 내내 마음에 걸렸다. 혹시 만세력을 잘못 보아서 사주 명식을 잘못 작성하지는 않았을까, 하는 걱정이 떠나지 않았다. 그래서 합숙이 끝나고 나올 때 내가 보았던 8명의 사주 명식과 생년월일시를 적어 왔다.

집에 와서 나에게 익숙한 만세력과 평소 사용하는 핸드폰 앱으로 확인했더니 그곳에서 내가 작성했던 사주 명식은 모두 틀린 것이었다. 잘못 작성된 사주 명식의 풀이가 7명에게는 대체로 다 맞거나, 귀신같이 소름 끼치게 맞았던 것이다. 도대체 어떻게 된 일일까? 좀 과장해서 표현하면, 망치로 머리를 맞은 듯한 충격을 느꼈다.

실험을 하려고 작정한 것은 아니었지만, 결과적으로 실험을 한 셈이 되어 버렸다. 의도치 않은 실험을 통해서 알게 된 사실을 한마디로 요약하면 다음과 같다. "사주 풀이는 맞는 것이 아니라 맞는 것으로 받아들여지는 것이다." 물론 세부적인 사항은 맞기도 하고 안 맞기도 한다. 완전히 틀릴 때도 있다. 그러나 사주 풀이는 대체로 맞는다. 왜냐하면 사람들이 그렇게 받아들이기 때문이다.

그렇게 받아들이는 이유는 각자 다르겠지만 공통으로 가장 크게 작용하는 것은 문화적 요인일 것이다. 오랫동안 우리 의식에 스며들어 있는 사주에 대한 긍정적 인식이, 미신이라며 비난하는 사람들조차 쉽사리 떨쳐 버리지 못하는 그 뿌리 깊은 '팔자' 관념이 사주 풀이를 대체로 맞는 것으로 받아들이게 하는 것이다. 의미심장한 부호로 느껴지는 한자가 주는 무게감도 있을 것이다.

사주 풀이가 맞을 때 맞다고 말하는 것은 당연하지만, 사주 풀이가 실제와 달라도 다르다는 말을 망설이게 되고, 완전히 틀려도 틀렸다는 말을 머뭇거리게 되는 것은 바로 사주에 뭔가 근거가 있을 것이라는 긍정적 인식 때문이다. 그것은 심지어 맞고 틀리고에 대한 자신의 판단을 수정하게도 한다.

예를 들면, 매우 침착한 사람이 "당신의 성격은 매우 급하다"라는 말을 들어도 "내가 좀 성급한 면이 있나?"라고 스스로 다시 생각하게 된다. 물론 "그렇지 않다"라고 사주 풀이를 부정할 수도 있지만, 그럴 때 노련한 역술가는 "사람은 자기 자신에 대해서 잘 모를 수 있다"라든가 "타고난 성격은 그러한데 성장 과정에서 환경의 영향으로 바뀌었을 것" 등의 말로 상황을 넘기게 마련이다. 그러면 대부분 사람들은 수긍하게 된다.

한편 사주에 대한 긍정적 인식은, 아직 발생하지 않은 일의 경우에는 긍정적인 예측을 선호하는 긍정성 편향으로 작동한다. 예를 들면 "내년부터는 사업이 잘 풀릴 것" 등의 예측은 긍정적인 내용이므로 그대로 꼭 맞을 것으로 받아들인다. 부정적 예측을 들었을 때는 긍정적 예측을 들을 때까지 다른 역술가들을 찾아다니기도 한다. 피그말리온 효과 또는 플라시보 효과를 무의식적으로 원하는 것으로 볼 수 있겠다.

그리고 긍정성 편향으로 도저히 벗어날 수 없는 절망적인 처지에서 사주는, 이때는 흔히 '팔자'라고 말하는데, 매우 효과적인 원인으로 기능한다. 바로 '팔자 탓'이다. '사주팔자'가 맞는 것으로 받아들여지는 것이다. 《우상의 황혼》에서 니체는 그런 것을 "가상 원인의 오류"[1]라고 표현하면서, 심리적으로는 "어떤 설명이든 설명이 없는 것보다 낫다"[2]라고 단언한다. 원인을 알았다고 생각하면 마음이 가벼워지므로 오류 여부를 엄밀하게 살피지 않고 그것을 맞는 것으로 받아들인다는 것이다.

결국 개인적이지 않은 것을 개인적으로 받아들이는 바넘 효과, 사주에 뭔가 근거가 있을 것이라는 긍정적 인식, 긍정적인 예측을 선호하는 긍정성 편향, 절망적인 처지의 가상 원인 등이 복합적으로 작용하여 사주 풀이를 맞는 것으로 받아들이게 되는 것이다. 에피소드를 소개했듯이 틀리게 작성된 사주 명식의 풀이가 대체로 맞거나, 귀신같이 소름 끼치게 맞는 것으로 받아들여지는 경우도 있다. 그러니까 문제는 사주가 아니라 마음이다.

---

1 "Irrtum der imaginären Ursachen." 실린 곳: Friedrich Nietzsche, 《Götzendämmerung, Der Antichrist, Gedichte》. Kröner 1930, 111쪽.
2 "irgend eine Erklärung ist besser als keine." 실린 곳: 위의 책 112쪽.

四柱命理

2부

관념의 유희와
언어의 향연

'자연의 기운이 운명을 결정한다'는 명리학

이번 일은 잘될까, 안될까? 앞으로 나의 삶은 어떻게 펼쳐질까? 인간은 누구나 자신의 앞날에 대한 궁금증을 갖고 있다. 그렇지만 아무리 생각해도 앞으로 닥쳐올 일을 미리 알 수는 없다. 종교를 갖고 있다면, 자신이 섬기는 신의 뜻에 따라 모든 것이 좌우된다고 믿을 것이다. 그런데 종교가 생기기 이전의 사람들은 어떤 생각을 했을까?

인간의 삶에 가장 크게 영향을 끼치는 어떤 힘에 의해 모든 것이 결정된다고 생각하지 않았을까? 그렇다면 그 힘은 무엇이었을까? 고대인들의 입장에서 생각해 보자. 농경을 하든 목축을 하든 수렵을 하든, 고대인들의 일상적인 삶에 가장 크게 영향을 끼치는 힘은 자연환경, 특히 온몸으로 직접 겪어야 하는 날씨였다.

맑은 날, 흐린 날, 비 오는 날, 눈 오는 날, 진눈깨비 추적거리는 날, 비바람 몰아치며 천둥 치고 번개 치는 날, 우박이 떨어지는 날, 한 치 앞을 분간할 수 없을 만큼 안개가 자욱한 날 등 날씨는 인간이 어찌할 수 없는 막강하고 변화무쌍한 힘이었다.

존재가 날씨의 영향을 받을 수밖에 없는 시대, 내일 일을 알수 없는 것처럼 내일 날씨를 알 수 없는 시대. 조화를 부리는 것은 사람도 아니고 땅도 아니고 하늘이었으므로, 그 시대 사람들이 하늘을 바라보면서 내일 일을 예측할 수 있는 어떤 조짐을 찾으려고 했던 것은 자연스러운 일이었다.

춘추시대 노나라의 좌구명이 지었다고 전해지는 《춘추좌씨전》의 〈소공〉 기록에는 왕조의 흥망, 새로운 일의 발생 등을 하늘의 별과 결부시켜 예측한 사례들이 있다. 하늘을 살펴서 길흉을 예측하고자 했던 고대인들의 노력이 춘추시대에 이미 높은 수준의 천문 관측에 이르렀음을 알 수 있다.

천문을 관측하여 얻은 과학 지식을 미신에 적용한 것이라는 비판도 있지만 천문학의 모태가 점성술임을 누가 부인하겠는가? 케플러 법칙으로 잘 알려진 독일의 천문학자 케플러도 점성술사로 이름을 떨쳤었다.

어쨌든 그렇게 고대 중국인들은 하늘을 살폈고, 하늘의 뜻이 있다고 믿었고, 그 하늘의 뜻에 어긋나지 않으려고 노력했다. 그런 과정에서 하늘과 인간이 서로 통한다는 생각을 하게 되었다.

그리고 이를 토대로 전한의 유학자 동중서는 자신의 저술《춘추번로》에서 천인감응론을 제시했다. 하늘과 인간이 서로 감응한다는 것이었다. 천인감응이 가장 뚜렷하게 나타나는 현상은 상서(祥瑞)와 재이(災異), 즉 나라에 복이 되는 길한 일과 재앙이 되는 괴이한 일이었으며 동중서는 그것이 군주의 통치 행위에 달려 있다고 주장했다. 덕치를 위한 정치적 의도가 있었음은 물론이다.

천인감응론이 동중서 고유의 사상은 아니지만, 하늘에 인격적인 의미를 처음 부여한 유학자는 동중서였다. 그러므로 동중서가 주장하는 천인감응론의 이론적 전제는 하늘에는 의지가 있다는 것이었다. 즉 하늘의 뜻, 춘추전국시대 유가가 추종했던 도덕적 하늘의 뜻, 바로 천명이 있다는 믿음이었다.

그러나 후한의 사상가 왕충은 동중서의 천인감응론을 허망한 것이라며 배척했다. 하늘은 의지를 갖고 있지 않으므로, 즉 '하늘의 뜻'이라는 것은 존재하지 않으므로 하늘과 인간이 서로 감응하지도 않는다는 것이었다. 대신 왕충은 '기'의 존재를 인정하여 자신의 저술《논형》에서 사람의 운명은 처음에 부여받은 자연의 기에 의해 결정된다고 주장했다. 그것이 이른바 자연명정론(自然命定論)이라고도 부르는 자연정명론(自然定命論)이다.

1949년 상해에서 출생한 중국의 언어학자이며 명리학자인 육치극은 자신의 저서《명리학의 이해》에서 사주명리학이 탄생할 수 있는 조건의 성숙은 왕충의《논형》에서 이루어졌다고 본다. 종교적 의미가 아닌 세속적 의미에서 개인의 운명에 대한 탐구가 비로소 시작되었다는 것이다. 그래서 육치극은 왕충의 자연정명론이 "명리학을 탐색하는 첫 디딤돌"[1]이라고 말한다.

---

1 육치극 지음, 김연재 옮김,《명리학의 이해 I》. 사회평론 2018, 117쪽. 이 책은 중국에서 2007년에 출간된《중국명리학사론》의 번역판이다.

일상의 평안을 위해 하늘의 뜻을 헤아리던 고대 중국인들의 소박한 마음은 그렇게 전한시대에 동중서의 천인감응론으로, 후한시대에 이르러서는 왕충의 자연정명론으로 변화했다. 그리고 자연정명론은 훗날 사주명리학의 이론적 기초가 되었다.

한 번도 증명된 적 없는 사주 이론

하늘의 기운을 나타낸다는 천간은 갑(甲)·을(乙)·병(丙)·정(丁)·무(戊)·기(己)·경(庚)·신(辛)·임(壬)·계(癸) 등 10개 글자로 되어 있고, 땅의 기운을 나타낸다는 지지는 자(子)·축(丑)·인(寅)·묘(卯)·진(辰)·사(巳)·오(午)·미(未)·신(申)·유(酉)·술(戌)·해(亥) 등 12개의 글자로 되어 있다. 천간과 지지를 총칭해서 간지라고 한다. 그리고 천간과 지지가 갑자·을축·병인·정묘 등의 순서로 둘씩 짝을 이룬 60개의 조합을 육십갑자 또는 육갑이라고 한다.

사주는 태어난 연월일시를 육십갑자로 표기한 것이다. 예를 들면, 2024년 2월 27일 오후 9시 46분에 태어난 사람은 갑진년 병인월 신유일 기해시에 태어난 것이다. 이때 갑진이 연주(年柱), 병인이 월주(月柱), 신유가 일주(日柱), 기해가 시주(時柱)에 해당한다. 사주(四柱)는 연주, 월주, 일주, 시주를 가리킨다.

각각 천간과 지지 두 글자로 되어 있으므로 사주는 여덟 글자이다. 그래서 사주팔자다.

사주명리학은 태어날 때 받은 자연의 기운, 오늘날 유행처럼 사용되는 표현으로 말하자면 '우주의 기운'을 파악하여 운명을 추론한다. 출생 연월일시를 나타내는 사주의 여덟 글자, 즉 팔자를 해석함으로써 태어날 때 받은 우주의 기운을 파악하여 운명을 추론하는 것이다.

여기에서 사주명리학에는 두 가지 기본적인 전제가 있음을 알 수 있다. 첫째는, 태어날 때 우주의 기운을 받는다는 것이다. 둘째는, 사주를 구성하는 여덟 글자 간지가 우주의 기운을 나타낸다는 것이다. 그러나 그 두 가지 전제는 지난 천여 년 동안 한 번도 증명된 적이 없다. 마치 자명한 것처럼 받아들여졌을 뿐이다. 그런데 정말 자명한가?

태어날 때 우주의 기운을 받는다는 전제는, 일단 사주명리학의 성립을 위해서 받아들일 수 있겠다. 그런데 사주의 간지가 우주의 기운을 나타낸다는 두 번째 전제는, 사주명리학의 형성과 이론 전개의 과정을 공부해 보면 그렇지 않다는 사실을 누구나 알 수 있다.

사주의 간지, 즉 출생 연월일시를 표기하는 육십갑자 간지는 천간과 지지의 규칙적인 조합으로 구성된 부호이다. 월지, 즉 월주의 지지가 태어난 계절을 나타내고 시지, 즉 시주의 지지가 태어난 시간을 나타낼 뿐, 나머지 여섯 글자는 태어날 때의 자연 환경과 무관하게, 우주의 기운과 무관하게 기계의 톱니바퀴처럼 맞물려 돌아간다.

그런데 연월일시를 육십갑자 간지로 표기하기 시작한 것은 언제부터였을까? 해와 달, 그리고 목성·화성·토성·금성·수성 등 오성(五星)이 일직선으로 늘어서는 일월합벽(日月合壁) 오성연주(五星連珠) 현상이 있었던 때가 갑자년 갑자월 갑자일 갑자시이며 그때가 간지력의 시작이라는 주장이 있지만 그것은 주장일 뿐이다.

개별적으로 드러나는 역사적 사실에 따르면, 날짜를 육십갑자 간지로 나타낸 것은 갑골문의 기록으로 보아 일찍이 은나라 때부터였다. 연도는 목성의 위치를 기준으로 삼다가 후한 장제 원화 2년(서기 85년)에 반포된 사분력 이후부터는 목성의 위치와 무관하게 육십갑자 간지로 표기했다.

자월, 축월, 자시, 축시 등 십이지지로만 나타내던 월과 시를 갑자월, 을축월, 갑자시, 을축시 등 육십갑자 간지로 표기한 것은, 김일권과 안종수의 연구에 따르면 당나라 때 성립된 고법 사주명리학에 이르러서였다.[1] 사주 명식을 작성하기 위해 필요했을 것이다.

사주명리학이 운명을 추론하는 여타 술수와 다른 점은 태어난 연월일시를 간지로 바꾸어 그것을 해석한다는 점이다. 간지에는 음양과 오행이 부여되어 있으므로 간지론에는 음양론과 오행론이 결합되어 있다. 그래서 더욱 매력적인 요인으로 작용

---

1 ① 김일권,《동양 천문사상, 하늘의 역사》. 예문서원 2007, 213쪽.
   ② 안종수,《동양의 자연관》. 한국학술정보 2006, 105~106쪽.

한다. 사주명리학을 고대 중국의 자연 철학으로 보이게 만드는 것이다.

실제로 사주명리학 신봉자 중에는 음양론이나 오행론 또는 간지론을 내세워 사주명리학이 고대 중국의 자연 철학 또는 동양 철학이라고 말하는 이들이 적지 않다. 그러나 그것은 호가호위와 같다. 음양론, 오행론, 간지론 등은 사주명리학이 존재하지도 않았던 춘추전국시대와 진한시대에 성립되었고, 사주명리학은 그런 요소들을 전용하고 변용하면서 운명을 추론하는 술수로 당송시대에 성립되었기 때문이다.

사주명리학 고유위 이론이라고 할 수 있는 것은 십성론과 용신론이다. 십성론은 일간과 여타 간지의 관계를 오행의 생극과 음양에 따라 분류한 것으로서 인간 관계 또는 사회적 관계 등의 추론에 사용하는 관계의 이론이다.

용신론은 사주 여덟 글자에서 가장 핵심이 되는 요소인 용신에 관한 이론인데 그 핵심을 강약, 조후 등 어느 관점에서 보느냐에 따라 차이가 있다. 공통점은 길흉화복의 추론에 가장 중요한 역할을 한다는 것이다.

그러므로 사주 풀이는 음양론과 오행론 그리고 간지론의 토대 위에서 십성으로 관계를 파악하고 용신으로 길흉을 예측하는 방식으로 이루어진다. 역술가에 따라 십이운성, 합, 충, 형, 파, 해 등 각종 신살을 동원하기도 한다. 사주 풀이가 가능한 수준에 이르기까지 적지 않은 시간 동안의 공부가 필요함은 물론이다.

누구나 공부할 수 있지만 아무나 할 수는 없는, 어려운 것은 아니지만 쉽게 넘볼 수는 없는 공부, 그러면서 지적 호기심을 강력하게 자극하는 공부가 바로 사주명리학 공부이다. 게다가 음양오행론과 간지론에서 풍기는 고대 중국 문화의 고풍스러운 향기는 또 얼마나 그윽한가.

관념에서 관념으로 이어진
천여 년 세월

사주명리학은 신통력을 얻기 위한 수련이나 수행이 아니라 이론 체계를 가진 학문이다. 그러므로 사주명리학을 아무리 열심히 공부해도 과거와 현재와 미래를 꿰뚫어 보는 신통력을 발휘할 수는 없다. 워낙 촘촘하면서도 탄력적인 이론이어서 많은 것에 대해서 말할 수는 있지만, 유감스럽게도 사주 이론의 실체적 근거는 아무것도 없다.

글자들 사이의 이론이 아무리 정교하게 짜여 있어도 글자와 실제 삶 사이에 인과적 연관성이 없다면 그것은 공허한 이론일 뿐이다. 정교한 틀로 붕어빵을 아무리 잘 만들어도, 붕어빵을 가지고 붕어에 대해서 아무리 진지하게 말해도, 붕어빵은 붕어가 아니다.

그럼에도 불구하고 사주명리학은 마치 사주 여덟 글자가 실제 삶인 것처럼 또는 실제 삶의 어떤 행로를 가리키는 이정표라도 되는 것처럼 그것을 해석하는 데 모든 노력을 기울여 왔다. 그렇게 천여 년의 세월이 흐르는 동안 관념이 관념을 낳으면서 현재에 이르렀다. 사주명리학이 과학이라는 주장도 등장했다. 어떤 이들은 그런 과정을 사주명리학의 발전이라고 말한다.

그러나 그것은 발전이 아니라 변화이다. 모든 발전은 변화이지만, 모든 변화가 꼭 발전인 것은 아니다. 사주명리학에는 많은 변화가 있었지만 발전은 없었다. 발전이 없었다고 단정하는 이유는 다음과 같다.

첫째, 사주를 구성하는 여덟 글자 간지가 우주의 기운을 나타낸다는 기본적인 전제가 증명되지 않았다. 대표적인 예를 들면 임인년, 계묘년, 갑진년 등 해가 바뀔 때마다 올해 운세를 말하지만, 그해의 간지가 어떤 근거로 우주의 어떤 기운을 나타낸다는 것인지에 대해서는 아무도 말하지 않는다.

둘째, 사주 여덟 글자와 실제 삶의 인과적 연관성이 증명되지 않았다. 많은 이들이 붕어빵을 붕어라고 말하면서 확증 편향에 사로잡혀 아전인수 격인 사주 풀이 사례를 제시하고 있고, 경험적 연구 논문도 꾸준히 발표되고 있지만, 더 많은 반대 사례들 앞에서 허탄할 뿐이다. 타당성이 검증된 사주 이론은 아무것도 없다.

셋째, 개인의 경험이나 관점에 좌우되지 않는 사주 풀이의 논리적 정합성이 존재하지 않는다. 하나의 사주에 각인각색의 풀이가 있고 각자의 논리가 있다. 길흉화복의 예측에 가장 중요한 역할을 하는 용신에 대한 견해도 역술가에 따라 다를 수 있고, 아예 용신 무용론을 주장하는 이도 있다. 역법에 따라, 한 해의 시작 또는 하루의 시작 기준에 따라 사주 명식 자체가 달라지는 경우도 있다.

이런 현실로 보아 사주명리학은 대략 천 년 전이나 지금이나 복잡한 이론 체계로 되어 있는 점술의 차원을 넘지 못한다. 대만 명리학자 양상윤은 자신의 저서 《명략본기》에서 사주 풀이의 적중률은 60~70 퍼센트라고 말한다.

중국의 명리학자 육치극은 양상윤의 말에 동의하면서, 그러한 확률도 "인과적 연관성을 보증하거나 반영하지 않는다"[1]는 사실을 강조한다. 인과적 연관성이 없다는 말은 그것이 점술이라는 뜻이다.

지난 천여 년 동안 사주명리학자 또는 역술가들은 합리적 근거를 밝히지 못했고, 사주 풀이의 적중률도 높이지 못했다. 어떤 이들은 사주와 실제 삶이 다른 이유, 그리고 동일 사주인데도 서로 삶이 다른 이유를 여러 가지 나열하지만, 그것은 자승자박이다. 그 이유가 많으면 많을수록 사주로 삶을 알 수 없다는 의미가 되기 때문이다.

사주 풀이의 적중률에는 미래에 대한 예측뿐만 아니라 과거와 현재 상황 파악의 정확성도 포함된다. 미래에 대한 예측은 즉석에서 적중 여부를 확인할 수 없지만, 과거와 현재에 대한 내용

---

1 육치극 지음, 김연재 옮김, 《명리학의 이해 I》, 사회평론 2018, 48쪽.

은 즉석에서 확인이 가능하다. 그러므로 사주 풀이가 안 맞는다는 말은 과거와 현재를 제대로 읽어 내지 못한다는 뜻으로 쓰이는 경우가 대부분이다.

사주명리학은 예측이나 예언이 아니라 조언을 하는 것이라고 궤변을 늘어놓는 이들도 있다. 예측이나 예언은 앞일을 짐작하여 말하는 것이다. 조언도 과거와 현재의 상황을 파악한 다음에 앞일을 짐작할 수 있을 때 비로소 가능한 것이다. 그런데 앞일을 짐작하지 않으면서 무슨 조언을 한다는 말인가? 사주와 무관한 일반적인 조언이라면 그들이 아니어도 할 사람 많다.

요컨대, 안 맞는 사주 풀이에 대한 변명으로 또는 사주 이론 자체의 허점을 감추기 위해, 그러면서도 사주명리학을 부풀리기 위해 말과 글을 교묘하게 지어내는 솜씨는 높아진 교육 수준 덕분에 놀랍게 늘었으나 본질적으로 사주명리학의 발전이라고 할 만한 것은 아무것도 없었다.

한편 지난 천여 년 동안 사주명리학에는 많은 변화가 있었다. 가장 큰 변화는 당나라 때 인물인 이허중으로 대표되는 고법 사주명리학에서 송나라 때 인물인 서자평으로 대표되는 신법 사주명리학으로의 변화이다.

고법에서는 수태한 달인 태원을 중시했었다. 이허중의《이허중명서》에서는 태월일시의 네 기둥을 사주라고 일컬었다. 그러나 실제 간명에서는 태원과 연월일시를 함께 해석하는 오주(五柱) 체계였으며 연주 위주의 간명이었다.

신법에서는 태원을 배제하고 출생 연월일시만 해석하는 사주

체계와 일간 위주의 간명으로 바뀌었다. 그러나 획기적인 변화임에도 불구하고, 명리학자를 자처하는 사람들은 있어도 고법과 신법을 비교 분석한 연구는 거의 없다. 고법과 신법의 논리구조를 비교한 논문 한 편이 눈에 띌 뿐이다.[1]

그리고 신법 사주명리학에도 크고 작은 많은 변화가 있었다. 먼저 육친론의 변화를 꼽을 수 있다. 십성에 의한 육친론이 가장 먼저 체계적으로 서술된 서대승의 《연해자평》 이후로 진소암의 《명리약언》, 심효첨의 《자평진전》, 임철초의 《적천수천미》, 반자단의 《명학신의》 등에서 십성과 육친에 관한 갑론을박이 있었다.

현대에 이르러 대만의 명리학자 하건충은 자신의 저서 《팔자심리추명학》과 《천고팔자비결총해》에서 사주 여덟 글자의 위치를 십성의 명칭에 따라 궁으로 설정하고 그곳에 육친을 배정하는 궁성이론(宮星理論)을 제시했다. 근묘화실에 기반을 둔 하건충의 궁성이론은 송나라 때 서자평의 《낙록자삼명소식부주》에서 기원을 찾을 수 있지만 그보다 더 세분된 것이다.

육친론의 변화에서 알 수 있는 것은 학자들의 주장에 따라 부모가 바뀌고 배우자가 바뀌고 자식이 바뀌는, 실체적 근거가 전혀 없는 글자들 사이의 공허한 이론이라는 사실이다.

심지어 《연해자평》의 〈육친총론〉에는 육친의 부정한 행위를 설명한 대목이 있다. 남자 사주의 경우 정재(正財)가 합을 이루

---

1 나혁진·정경화, 〈명리학 고법과 신법의 논리구조 비교연구〉, 실린 곳:《산업진흥연구》, 2020, Vol. 5, No. 3, 61~71쪽.

면 아내가 부정을 저지르고, 정인(正印)이 합을 이루면 어머니가 부정을 저지르고, 식신(食神)이 합을 이루면 손자가 부정을 저지른다는 식이다.

그런 설명은 천간합을 적용한 것인데, 천간합은 특정 천간이 만나면 합을 이룬다는 이론으로서《황제내경》의 오운육기론에서 유래한 것이다. 갑기합(甲己合), 을경합(乙庚合), 병신합(丙辛合), 정임합(丁壬合), 무계합(戊癸合) 등 다섯 가지가 있다. 두 글자가 만나면 합을 이룬다는 것이다.

예를 들면 일간이 갑목(甲木)인 남자 사주의 경우 정재(正財)에 해당하는 기토(己土)가 아내가 되는데, 기토(己土)가 다른 갑목(甲木)을 만나서 갑기합이 되면 아내가 다른 남자와 부정을 저지른다는 것이다. 그러나 그러한 설명은 글자들 사이의 이론일 뿐이다. 그것을 실제에 적용하여 아내를 의심하는 것은, 글자들 사이의 이론과 실제를 구별하지 못하는 어리석은 짓이다. 사주의 모든 이론은 그런 식으로 글자와 글자의 관계 속에서 관념적으로 만들어진 것들이다.

한편 고법에서 중요하게 여겨졌던 신살은 신법에 이르러《적천수》,《명리정종》,《명리약언》,《궁통보감》 등에서는 배척되었다. 특히《명리약언》의 저자 진소암은, 신살은 술사들이 제멋대로 억측하여 만든 것이어서 대부분 터무니없고 망령된 것이니 그것들을 하나하나 다 반박하는 것은 언어의 낭비라고 했다.

이를테면 점잖은 선비나 정숙한 여인의 사주에도 도화살이 있는 경우가 매우 많은데 어떻게 그것을 음란의 징조라고 할 수 있겠는가? 꽃은 모두 아름다운데 어떻게 복숭아꽃만 음란하다고 할 수 있겠는가? 간지의 글자에 무슨 요염이나 음란이 있다는 말인가? 그렇게 신살의 허망함을 일일이 따지는 것은 언어의 낭비라는 것이다. 시대의 변화에 따라 요즘은 일부 신살을 긍정적으로 해석하지만, 해석이 달라진다고 해서 신살의 본질이 달라지는 것은 아니다.

신법에 이르러 배척되었던 신살은 사주명리학의 백과사전이라고 불리는 명나라 때 만민영의 저술《삼명통회》에는 실려 있으며, 현재에도 많은 역술가들에 의해 애용되고 있다.《사주의 탄생》저자 김두규는 우리나라에 수많은 역술가들이 배출되고 있는 이유는《삼명통회》에 실려 있는 신살만 알아도 누구나 쉽게 사주 풀이를 할 수 있기 때문이라고 말한다.

IMF 이후 성큼성큼 양지로

조선의 멸망과 함께 제도권에서 밀려나 음지에서 명맥을 유지하던 우리나라의 사주명리학은 오랜 세월이 흐른 후 사회적 인식의 변화에 따라 다시 양지로 나오게 되었다. 1997년 IMF 사태가 결정적인 계기였다고 해도 과언은 아닐 것이다.

삼성경제연구소는 1998년 6월에 발간한《IMF 충격, 그 이후》에서 경제 위기로 인한 시대 변화를 77개 주제로 나누어 분석하면서, 역술업이 유망 산업의 하나가 될 것으로 전망했다.[1] 한 치 앞을 알 수 없는 경기 침체의 상황에서 점을 보는 사람이 늘어 운세와 관련된 시장이 커질 것이라는 예상이었다.

삼성경제연구소의 예상은 적중했다. 그런데 운세 시장의 팽창에 기술적으로 가장 큰 동력이 된 것은 1999년부터 본격적으

---

[1] 삼성경제연구소,《IMF 충격, 그 이후》. 삼성경제연구소 1998, 265~268쪽.

로 시작된 초고속 인터넷 서비스의 대중화였다. 인터넷 운세 사이트의 등장으로 인해 관련 업계의 판도가 바뀌면서 새로운 시장이 형성되었던 것이다.

때마침 정부는 고부가가치 창출을 위한 여러 가지 정책의 하나로 1999년 문화산업진흥기본법을 제정하고 문화산업발전 5개년 계획을 수립했다. 그리고 2003년에는 문화 콘텐츠 산업이 차세대 성장 동력 10대 산업의 하나로 선정되었다. 정부가 문화 산업의 중요성을 인식하고 수익 창출에 적극적으로 나선 것이다.

'문화 산업'이라는 용어는 독일의 철학자 아도르노와 호르크하이머가 1947년에 출간한 《계몽의 변증법》에서 경제 논리에 지배되는 문화 현상에 대한 비판적 의미로 처음 사용한 것이다. 그러나 세계적으로 문화 가치의 중요성이 커지면서 문화 상품의 생산이 국가 차원에서 적극적으로 장려되는 고부가가치 산업으로 인식된 지는 이미 오래였다.

사주가 정부 문화 정책의 전략 부문에 포함된 것은 아니었지만, 문화 콘텐츠가 중시되면서 복고주의 바람에 따라 사주도 뒷골목의 음습한 미신 분위기를 벗어나 하나의 문화 콘텐츠로 새롭게 인식되기 시작했다. 역술업의 인터넷 시장 진출과 대학생, 직장인 등 비교적 젊은 세대의 소비 계층 유입이 그 방증일 것이다.

그런 시대의 흐름을 타고 1999년에 원광대학교 동양학대학원 동양학과에 사주, 주역, 풍수 등을 공부할 수 있는 동양철학전공이 개설되었고, 2000년대 들어서는 경기대학교 대학원과 공주대학교 대학원을 비롯하여 동방문화대학원대학교, 국제뇌교

육종합대학원대학교 등에 사주명리 관련 학과가 개설되었다.

그리고 대학의 평생교육원과 각종 문화센터에도 사주명리 강좌가 우후죽순처럼 개설되었다. 2005년에 서비스가 시작된 동영상 공유 플랫폼 유튜브에는 현재 헤아릴 수 없이 많은 사주명리 강좌가 있다.

출판계에서는 전업 역술가가 아닌 다양한 신분의 저자들이 두각을 나타냈다. 2002년에 동양학자 조용헌의《조용헌의 사주명리학 이야기》, 2012년에 고전평론가 고미숙의《나의 운명 사용설명서》, 2015년과 2016년에 음악평론가 강헌의《명리, 운명을 읽다》와《명리, 운명을 조율하다》, 2020년에 정신과 전문의 양창순의《명리심리학》 등이 출간되었다. 그 밖에도 가정주부, 공무원, 교사, 교수, 성공회 신부, 시인, 회사원 등 각양각색의 저자들이 사주명리 관련 도서를 세상에 내놓았다.

조선시대 과거 시험에서 잡과의 한 부문을 차지했던 사주명리가 시대의 변천에 따라 오랫동안 음지로 내몰려 있다가, 다시 시대의 변천에 따라 대중들의 관심에 힘입어 성큼성큼 양지로 나오게 된 것이다.

환상 속에 번지는 '육십갑자 바이러스'

음양의 이치가 그렇듯이 사주명리 업계의 단기간에 걸친 양적 성장에 어두운 면이 없는 것은 아니다. 《사주의 탄생》 저자 김두규는 갑자기 쏟아져 나온 사주 강사들의 자질 문제와 양산되고 있는 석·박사 논문의 수준 문제를 지적한다.

그렇지만 대중적인 영향력의 측면에서 볼 때 가장 큰 문제는, 사주명리학에 지대한 관심을 갖고 강연과 저술 활동을 하고 있는 고전평론가 고미숙, 음악평론가 강헌, 정신과 전문의 양창순 등 일부 유명 인사들에 의해 사주명리학이 지나치게 과대 포장되고 있다는 것이다.

고미숙은 자신의 저서 《나의 운명 사용설명서》에서 "사주명리학을 믿든 안 믿든 그건 자유다 (중략) 하지만 사주명리학의 토대가 되는, 우리가 살아가는 우주를 움직이는 힘들의 원리가 있고 그것이 곧 각 개체들의 운명에 깊은 영향을 미친다는 이

'앎의 법칙'에는 이론의 여지가 있을 수 없다"[1]라고 주장한다.

고미숙의 주장을 믿든 안 믿든 그건 자유다. 그러나 고미숙의 주장에는 이론의 여지가 많다. '우주를 움직이는 힘들의 원리'가 음양오행을 가리키는 것이라면, 음양오행이 우주를 움직이는 힘들의 원리라고 말할 만한 근거가 아무것도 없고, 또 그것이 각 개체의 운명에 깊은 영향을 미친다는 주장에도 아무런 근거가 없다는 사실을, 사주명리학을 맑은 정신으로 공부하면 누구나 알 수 있기 때문이다.

《명리, 운명을 읽다》와《명리, 운명을 조율하다》의 저자 강헌은 "명리학이야말로 그 어떤 서양의 학문 체계보다도 인간과 우주의 관계, 인간 그 자체의 본질에 접근하는 데 있어서 많은 혜안을 던져주는 합리적인 학문"[2]이라고 주장한다. 그러나 그는 자신의 주장에 대한 합리적 근거를 아무것도 제시하지 않는다.

정신과 전문의 양창순은《명리심리학》에서 사주명리학이 "동양의 성격학"[3]이라고 주장한다. 그러나 양창순이 교신 저자가 되어 조선대학교 상담심리학과 교수 정승아와 공동으로 《Yonsei Medical Journal》에 발표한 영어 논문에서는 개념의 모호성 등 여러 가지 한계를 인정하고 "it was difficult to establish

---

1 고미숙,《나의 운명 사용설명서》. 북드라망 2014, 69쪽.
2 강헌,《명리, 운명을 읽다》. 돌베개 2016, 13쪽.
3 양창순,《명리심리학》. 다산북스 2020, 7쪽.

objective and valid study criteria."[1]라면서 객관적으로 타당한 기준 설정의 어려움을 토로했다.

'difficult'라는 단어를 사용했지만 'impossible'하다는 사실을 학자로서의 양창순은 알 것이다. 객관적으로 타당성이 검증된 사주 이론은 아무것도 없기 때문이다. 그렇다면《명리심리학》은 학자가 아닌 작가 양창순의 '작품'인 셈이다.

사주명리 연구서도 아니고 철학서도 아닌, 그렇다고 소설도 아니고 수필도 아닌, 장르를 구분할 수 없는 비슷비슷한 내용의 책들이 지속적으로 세상에 나오고 있다. 일부 저자들은 쌀점을 치면서 벼의 품종 개량을 말하는 점쟁이처럼 허세를 부리며 우주의 질서를 말하고 운명의 지도를 말한다. 공중에 떠 있는 누각의 골조를 말하고 역세권을 말하는 유령 건설업자와 다를 바 없다.

그런 가운데 사주 풀이를 "맥락에 따라 다르게 기능하는 화용론적 확장"[2]으로 간주하면서 "사주명리의 해방"[3]을 표방하는 안도균의《운명의 해석, 사주명리》는 여타 사주명리 책들과 확연히 다른 방향을 가리킨다. 그러나 기존의 사주 이론을 그대로 답습하면서 해석만 달리하는 그런 해방은 무늬만 해방이다. 공중누각에 갇혀서 창문의 방향을 논하는 것이 무슨 해방이겠는가.

---

1 Seung Ah Jung and Chang Soon Yang, 〈Relations between Eastern Four Pillars Theory and Western Measures of Personality Traits〉. 실린 곳:《Yonsei Medical Journal》Volume 56, Number 3, May 2015, 698~704쪽, 인용 704쪽.
2 안도균,《운명의 해석, 사주명리》. 북드라망 2020, 7쪽.
3 위와 같은 곳.

모두 현란한 언어의 향연일 뿐이다. 인문학적 지식과 상상을 뒤섞어 현학적인 말과 글을 아무리 그럴싸하게 지어내도 사주 여덟 글자가 우주의 기운을 나타낸다는 것을 증명하지 못하고, 사주 여덟 글자와 실제 삶의 인과적 연관성을 증명하지 못하면, 그것은 공중에 떠 있는 누각에서 벌어지는 말잔치에 불과하다.

그럼에도 불구하고 그 신기루에 현혹되어 남의 정신세계를 추앙하는 이들이 있고, 그 아류로 의심되는 이들도 있다. 사주로 '나'를 알 수 있다는 말을 믿고 자신을 사주 여덟 글자에 꿰맞추는 이들도 있다. 또 망상에 사로잡혀 깨달음 운운하거나 입산수도를 권하는 이들도 있다. 사주명리에 대한 대중의 환상이 심각한 지경에 이르렀다.

2013년 7월 2일 동아일보 사회면에 이른바 '교육 점집'에 관한 기사가 실린 적이 있다. 학생의 사주를 풀이하면서 진학 상담을 하는 곳인데, 해마다 입시철이면 호황을 누린다고 한다. 수험생과 학부모의 불안하고 초조한 심리는 이해되지만, 아무리 그래도 어떻게 태어난 연월일시의 간지에 따라 학교와 학과를 선택할 수 있을까.

강헌은 "초등학교에서부터 명리학을 가르쳐야 한다"[4]라고 농담 같은 소리를 한다. 초등교육, 아니 교육과정 전반에 대해서 아무리 관심이 없고 무지하더라도 그런 식의 사주명리학 과장은 심히 지나치다. 강헌과는 반대 의미에서, 정말 이대로 가다

---

4 강헌,《명리, 운명을 읽다》. 돌베개 2016, 13쪽.

가는 초등학교에서부터 사주명리에 대한 비판적 교육을 실시해야 하는 것 아닌가 걱정스럽다. 어쩌다 이렇게 되었을까.

사주명리학 비판자인 한의사 홍성국의 표현을 빌리면 "육십갑자 바이러스에 감염된 한국인"[1] 비율이 점점 더 높아지고 있다. 일부 인사들이 그것을 부추기고 있다. 감염되어 정신이 혼미한 환자를 치료해야 할 정신과 의사까지 나서서 바이러스를 퍼뜨리고 있는 실정이다. 진짜 이유가 무엇인지 모르겠지만 양심을 속이고 자신의 어떤 이익을 위해 그러는 것이 아니라면, 그들 역시 육십갑자 바이러스에 감염된 것이 틀림없다.

---

1 홍성국,《신비의 이론 사주 궁합의 비밀을 밝힌다》. 한솜 2010. 이 책의 부제가 〈60갑자 바이러스에 감염된 한국인을 위하여〉이다.

인문학의 탈을 쓴 '지적 사기' 위험

사주명리학은 우주적 인과 관계나 합리적 근거를 토대로 성립된 학문이 아니다. 자연의 이치, 계절의 변화, 우주의 기운 등을 나타낸다면서 음양오행과 간지를 그토록 강조하지만, 출생 연월일시를 표기하는 사주의 육십갑자 간지에 실제로 그런 이치와 변화와 기운이 여실하게 나타나 있는 것은 아니다.

월지와 시지를 제외하면 나머지 여섯 글자 간지는 사실 음양오행과 결부될 근거도 없다. 자연의 이치, 계절의 변화, 우주의 기운 등과 아무런 관련이 없기 때문이다. 그나마 월지가 나타내는 오행의 기운도 실제 계절과 다르다. 사주 이론은 모두 글자에 부여된 의미들 사이의 관념 체계일 뿐이다. 간지 상호 간의 논리와 삶은 무관하다. 우주적 인과 관계도 없고 합리적 근거도 없다.

고미숙이 말하는 "자신의 존재를 우주적 인과 속에서 보는 삶의 기술"[1]은 인문학 과잉이 빚어낸 공허한 수사에 불과하다. 일간은 "존재의 축"[2]이고 용신은 "운명의 우주적 거래"[3]라고 고미숙은 말한다. 그러면서 흥에 겨운 듯 많은 이야기를 하지만 정작 자신의 주장을 뒷받침할 만한 우주적 근거에 대해서는 아무 말도 하지 않는다.

양창순은 한술 더 떠서 사주명리학이 "우주에 가득 찬 기로 내 출생의 비밀을 밝히는 학문"[4]이라면서 "눈에 보이지 않는 우주의 기로 나를 아는 것"[5]이라고 소설이나 드라마 대사 같은 주장을 한다.

동네북이 되어 버린 우주는 일단 차치하고, 사주가 "나를 아는 것"이라는 주장은 너무나 터무니없다. 세계 곳곳에 같은 사주를 가진 사람들이 과거에 숱하게 존재했었고, 현재에도 수없이 존재하고 있고, 미래에도 계속 태어날 것이므로 사주는 "내 출생의 비밀" 또는 "나를 아는 것"과 전혀 관련될 수 없다는 사실을, 양창순은 정말 모르는 것일까?

강헌은 "학문적인 합리성이 존재하지 않았다면 (중략) 이렇게 오랫동안 명리학이 살아남지는 못했을 것"[6]이라고 말한다. 그러나 사주명리학이 이렇게 오랫동안 살아남아 있는 것은 합

---

1 고미숙,《나의 운명 사용설명서》. 북드라망 2014, 30쪽.
2 위의 책 71쪽.
3 위의 책 119쪽.
4 양창순,《명리심리학》. 다산북스 2020, 28쪽.
5 위와 같은 곳.
6 강헌,《명리, 운명을 읽다》. 돌베개 2016, 13쪽.

리성이 존재하기 때문이 아니라, 운명을 알고 싶어 하는 인간의 속성 때문이다.

합리성 여부를 떠나서 사주명리학이 다양한 설명으로 운명에 대한 궁금증과 답답함을 잠시나마 해소해 주기 때문이다. 니체도《우상의 황혼》에서 말하지 않았던가. "어떤 설명이든 설명이 없는 것보다 낫다"[7]라고.

사주명리학의 생명력은, 아무것도 증명하지 못하면서 밑도 끝도 없이 거창하게 주장만 하는 우주적 인과 관계나 합리성, 출생의 비밀 등에 있는 것이 아니라 고단한 삶에 조금이라도 위로와 희망을 주는 데 있다.

사주명리학에 우주적 인과 관계가 없어도 괜찮고, 합리적 근거나 출생의 비밀 따위가 없어도 괜찮다. 없는 것이 문제가 아니라, 없는 것을 있는 척하면서 혹세무민의 잡설을 늘어놓는 것이 문제다.

간신히 미신의 오명을 벗고 양지로 나온 사주명리학에 굳이 분칠한 가면을 씌울 필요는 없다. 허위 사실 유포와 다를 바 없는 허황된 소리는 이제 그만해야 한다. 정도가 지나치면 지적 사기가 된다. 있는 그대로, 하나의 문화로 즐기면서 때로 망외의 지식이나 삶의 지혜를 얻을 수 있다면 그것으로 기쁘고 족하지 않은가?

---

7 "irgend eine Erklärung ist besser als keine." 실린 곳: Friedrich Nietzsche,《Götzendämmerung, Der Antichrist, Gedichte》. Kröner 1930, 112쪽.

四柱命理

3부

'글자가 운명을
결정한다'는
허망한 착각

실체를 찾을 수 없는 오행의 기원

음양과 오행은 고대 중국의 문화와 사상, 그리고 학술 분야에서 가장 기초가 되는 요소다. 어둠과 밝음의 관찰에서 출발한 음양은 자연을 바라보는 상대적인 관점이다. 밤이 있고 낮이 있고, 밤에도 밝은 곳이 있고 낮에도 어두운 곳이 있듯이 음양의 상대성은 실제로 자연계에서 쉽게 관찰할 수 있는 현상이다.

그러므로 이분법과 혼동하여 흑백 논리의 오류에 빠지지 않는다면, 그리고 사주의 간지에 부여된 음양을 사람의 성격이나 운명과 결부시키는 황당한 논리를 꾸며 대지 않는다면, 음양관 자체에 어떤 모순이나 비판의 여지는 없는 듯하다. 오히려 수천 년 전에 그런 상대적인 관점이 성립되었다는 사실이 놀랍게 느껴진다.

그런데 오행은 음양처럼 그렇게 단순한 관점이 아니다. 먼저 오행에 관한 가장 오래된 문헌으로 꼽히는 《서경》의 기록을 찾아볼 필요가 있다. 《서경》〈홍범〉에는 나라를 다스리는 데 필요한 아홉 가지 큰 규범을 하늘이 임금에게 내려 주었는데, 그 첫 번째 규범이 오행이라면서 다음과 같은 설명이 등장한다.

> 오행은 첫째는 수(水)고, 둘째는 화(火)고, 셋째는 목(木)이고, 넷째는 금(金)이고, 다섯째는 토(土)다. 수는 적시며 내려가는 것이고, 화는 타며 올라가는 것이고, 목은 굽고 곧은 것이고, 금은 모양을 바꿀 수 있는 것이고, 토는 심고 거두게 하는 것이다. 적시며 내려가는 것은 짠맛을 내고, 타며 올라가는 것은 쓴맛을 내고, 굽고 곧은 것은 신맛을 내고, 모양을 바꿀 수 있는 것은 매운맛을 내고, 심고 거두게 하는 것은 단맛을 낸다.

오행 각각의 특성과 맛에 대한 위의 설명을 통해서 알 수 있는 것은 '수·화·목·금·토' 오행이 우주의 어떤 기운이나 추상적인 관념이 아니라, 글자 그대로 '물·불·나무·쇠·흙' 등 인간의 삶에 기본적으로 필요한 다섯 가지 구체적인 물질을 가리킨다는 사실이다. 나라를 다스리는 데 필요한 아홉 가지 규범 중에서 오행이 첫 번째로 등장했다는 것은 백성의 기본적인 삶을 먼저 보살펴야 한다는 의미로 이해하면 될 것이다.

그런데 춘추시대 노나라의 공자가 편찬한 것으로 알려져 있는 《서경》은 과연 오행에 관한 가장 오래된 기록일까? 그것은 확실하지 않다. 공자보다 좀 더 앞선 시대 사람인 제나라의 관자가 편찬한 것으로 알려진 《관자》에도 오행이 등장하기 때문이다. 관자는 두터운 우정을 의미하는 고사성어 '관포지교'에 등장하는 관중이다.

《관자》〈오행〉에는 황제(黃帝)가 오행을 만들어 천시(天時)를 바로잡고, 오행이 지배하는 계절에 맞게 영을 내려 세상을 다스렸다는 기록이 있다. 이때 황제(黃帝)는 보통 명사 황제(皇帝)가 아니라 중국의 건국 신화에 등장하는 삼황오제(三皇五帝)의 한 명이므로 황제가 오행을 만들었다는 기록은 오행의 기원을 알 수 없다는 의미로 이해되어야 한다. 막연하게 하늘이 내려 준 것으로 되어 있는《서경》과 달리《관자》에는 오행의 기원이 중국의 건국 신화에 결부되어 있음을 알 수 있다.

《관자》에 실려 있는 오행에 따른 계절과 임금의 통치 행위에 관한 기록의 일부를 옮기면 다음과 같다.

> 동지를 지나 갑자일(甲子日)이 되면 목행(木行)이 지배한다. 천자가 정령을 반포하여 *(중략)* 일을 다스린다. *(중략)* 병자일(丙子日)이 되면 화행(火行)이 지배한다. 천자가 정령을 반포하여 *(중략)* 일을 다스린다. *(중략)* 무자일(戊子日)이 되면 토행(土行)이 지배한다. 천자가 정령을 반포하여 *(중략)* 일을 다스린다. *(중략)* 경자일(庚子日)이 되면 금행(金行)이 지배한다. *(중략)* 임자일(壬子日)이 되면 수행(水行)이 지배한다.

오행이 지배하는 계절에 따른 일의 예를 들면, 목이 지배하는 봄에는 관리를 보내서 산림을 순시하고 초목을 보호하며, 화가 지배하는 여름에는 전답의 수로를 파고, 토가 지배하는 여름과 가을 사이에는 농사에 힘써 오곡을 기르게 하고, 금이 지배하는 가을에는 조상의 사당에 제사를 지내고 군대를 정비하여 훈련을 시키고, 수가 지배하는 겨울에는 백성을 동원하여 사냥을 하는 것으로 기록되어 있다.

특히 《관자》〈사시〉에는 음양은 천지의 근본 원리이며 사시(四時), 즉 사계절은 음양의 근본 법칙이라는 설명과 함께 오행의 계절 및 방위 개념, 즉 동쪽은 봄과 목에 해당하며 남쪽은 여름과 화, 중앙은 사시의 운행을 돕는 토, 서쪽은 가을과 금, 북쪽은 겨울과 수에 해당한다는 설명이 등장한다. 음양과 오행이 계절과 방위를 설명하는 체계로 확립되어 나타나는 것이다.

그러므로 "음양 사상과 오행 사상이 상호 결합되어 이루어진 음양오행 사상이 최초로 나타나는 곳이 바로 《관자》"[1]라는 주장에는 무리가 없어 보인다. 그리고 사주 이론의 기본 범주가 이미 《관자》에서 충분히 나타나므로 "관자를 사주 이론의 시조로 보는 것이 타당하다"[2]라는 주장도 있다.

문제는, 방대한 저작인 《관자》의 부분별 생성 시기와 부분별 저자가 누구인지 알 수 없다는 것이다. 《관자》는 관자의 독자적인 저술이 아니라 춘추시대부터 전한시대에 이르기까지 오랜 세월에 걸쳐 관자와 그의 제자들, 그리고 그들을 계승한 학자

1 장승구, 〈해제: 왜 지금 관자인가〉. 실린 곳: 관자 지음, 김필수 외 옮김, 《관자》. 소나무 2015, 5~17쪽, 인용은 16쪽.
2 김두규, 《사주의 탄생》. 홀리데이북스 2017, 37쪽.

들에 의해서 집필된 것이다. 전한시대에 유포되던《관자》문헌 564편을 모아서 중복되는 것을 정리하여 86편으로 편집한 사람은 유향이었다.

그러므로《관자》의 어느 부분이 정확히 언제 누구에 의해 쓰였는지 알 수 없다. 그렇기 때문에 관자를 사주 이론의 시조로 보거나《관자》를 사주 이론 체계가 나타나는 최초의 문헌으로 단정할 수는 없다.

《서경》도 원본은 진시황의 분서갱유 때 소실되었고, 오늘날 전해지는 58편의《서경》은 위진남북조 시대에 나온 위작이라는 것이 정설이므로《서경》의 오행 언급이 가장 오래된 기록이라고 단정할 수는 없다.

그러나《서경》의 기록이《관자》의 기록보다는 더 오래되었을 것으로 추정된다. 왜냐하면 생활에 필요한 구체적인 물질을 가리키는 용어에서 출발하여 계절과 방위를 가리키는 추상적인 의미로 개념이 변천되었을 것으로 보는 것이 더 합리적이기 때문이다.

아무튼 문헌의 정확한 생성 연대 불명과 진위 문제 등으로 인해, 기록을 통해서 오행의 기원을 밝히는 것은 불가능하다. 그러면 운명을 추론하는 핵심 요소로 오행을 활용하고 있는 사주명리학에서는 그 기원을 어떻게 설명하고 있을까?

송나라 때 인물 서대승이 원저자로 알려진, 사주명리학의 고전인《연해자평》에는 오행의 기원이 다음과 같이 설명되어 있다.

"태역(太易: 아직 기가 발생하지 않은 상태를 태역이라 함)이 수(水)를 생하고, 태초(太初: 기는 있으나 아직 모습이 드러나지 않은 상태를 태초라 함)는 화(火)를 생하고, 태시(太始: 음형(陰形)은 있으나 아직 그 이면의 세부 자질(自質)은 형성되지 아니한 상태를 태시라 함)는 목(木)을 생하고, 태소(太素: 이면의 질(質)은 있지만 아직 완전한 형체가 만들어지지 아니한 상태를 태소라 함)는 금(金)을 생하고, 태극(太極: 형체와 기질이 완전히 드러난 상태를 태극이라 함)은 토(土)를 생하게 되었다."[1]

태역, 태초, 태시, 태소, 태극 등은 동양 철학에서 우주의 탄생을 설명할 때 사용하는 개념으로서 도가와 유가에서 연원을 찾아볼 수 있다. 사주명리학의 고전《연해자평》에서 오행의 생성을 이들 개념과 결부시키는 것은 오행의 기원에 대한 신비화일 뿐이다.

태역이 수를 생하고 태초가 화를 생한다는 식의 설명은 아무런 실체가 없는 관념의 극치를 보여 준다. 거기에 어떤 심오한 이치가 있을 것이라 굳게 믿고 남의 생각을 자신의 머리에 심으면서 관념의 체계를 구축하는 것은 자유이나, 실체가 없는 것을 지나치게 추구하면 실없는 사람이 된다.

《서경》에는 하늘이 내려 준 것으로,《관자》에는 건국 신화 속의 인물인 황제가 만든 것으로,《연해자평》에는 우주와 함께 탄

---

1 서대승 원저, 정진엽 역해,《연해자평 완역정해 상권》. 이헌 2020, 538쪽.

생한 것으로 제각각 기록되어 있는 오행, 오행의 기원은 오리무
중이다.

오행이 하늘의 다섯 개 별이라는 허구

고대 천문 관측의 주된 대상은 칠정(七政)이었다. 칠정은 하늘을 다스리는 일곱 개의 별이라는 의미로서 해, 달, 목성, 화성, 토성, 금성, 수성 등을 통틀어 일컫는 말이다. 해와 달을 제외한 목성, 화성, 토성, 금성, 수성 등 다섯 개의 행성을 오행성(五行星) 또는 오성(五星)이라고 부른다. 그러면 오성과 목·화·토·금·수 오행은 어떤 관계가 있을까?

간지로 표기된 출생 연월일시를 해석함으로써 태어날 때 받은 우주의 기운을 알 수 있고, 그로써 인생사를 예측할 수 있다고 주장하는 사주명리학은 천문과 긴밀한 관련을 맺고 있다. 그래서 오행과 오성을 결부시켜 말하는 이들이 적지 않다.

조용헌은 2002년에 초판이 간행되어 베스트셀러가 되었고 현재까지 높은 판매 지수를 기록하고 있는 《조용헌의 사주명리학 이야기》에서 해와 달, 그리고 목성, 화성, 토성, 금성, 수성이 음양오행이라면서 태어날 때 그 일곱 개 별이 어떻게 혼합되어 있는지를 따지는 게 사주명리학이라고 주장한다.[1]

고미숙은 2012년에 초판이 나온《나의 운명 사용설명서》에서 "달과 태양, 그리고 지구에 직접적으로 영향을 미치는 (중략) 목성, 화성, 토성, 금성, 수성 (중략) 이들의 밀고 당기는 역학적 배치가 사주의 구성에 결정적인 역할을 한다"[2]라고 주장한다. 표현만 다를 뿐 조용헌과 똑같은 주장이다.

그러나 사주, 즉 출생 연월일시를 나타내는 네 개의 기둥은 각각 육십갑자 간지의 순환으로 이루어져 있고, 육십갑자 간지의 순환은 해와 달, 목성, 화성, 토성, 금성, 수성 등의 천체 운동과 아무런 관련이 없다. 조용헌과 고미숙은 그러한 사실을 모르는 것일까, 모른 척하는 것일까?

그건 그렇고, 오행은 오성과 어떤 관련이 있기는 있는 것일까? 오행은 과연 오성을 가리키는 것일까? 전혀 그렇지 않다. 오행과 오성의 무관함은 이미 여러 학자들에 의해 밝혀졌다. 예를 들면 대만의 역사학자 서복관은 〈음양오행설과 관련 문헌의 연구〉[3]에서 오행 관념이 오성에서 비롯되었다는 주장을 반박한다. 고대 천문학 지식의 집대성인《여씨춘추》에 오행과 오성을 결부시킬 만한 언급이 전혀 없다는 것이다.

---

1 조용헌,《조용헌의 사주명리학 이야기》. 알에이치코리아 2020, 36~37쪽.
2 고미숙,《나의 운명 사용설명서》. 북드라망 2014, 67쪽.
3 서복관, 〈음양오행설과 관련 문헌의 연구〉. 실린 곳: 양계초 외 지음, 김홍경 편역,《음양오행설의 연구》. 신지서원 1993, 53~156쪽.

목성, 화성, 토성, 금성, 수성 등 다섯 개의 별은 본래 세성, 형혹, 진성(鎭星), 태백, 진성(辰星) 등 고유의 이름을 갖고 있었다. 오행의 목을 세성, 화를 형혹, 토를 진성(鎭星), 금을 태백, 수를 진성(辰星)과 결부시킨 것은 한나라 초 유안의 저술《회남자》〈천문훈〉에서 시작되었으며 사마천의《사기》〈천관서〉도 그것을 받아들였다. 그러므로 서복관은 오행이 오성과 연계된 것은 한나라 초의 일이라면서 오행 관념의 전개는 고대의 천문가와는 무관하다고 말한다.

《오행의 새로운 이해》[1] 저자인 상해 복단대학교 교수 은남근도 서복관과 같은 견해를 보인다. 오성이라고 통칭하는 다섯 개의 별을 고대 중국인들이 모두 알게 된 것은 빨라야 서주(西周) 이후이며 전국시대와 진한시대에 이르러서야 오성에 대한 인식이 풍부해졌고, 그런 기초 위에서 오성은 오행설에 입각한 새로운 명칭을 부여받게 되었다는 것이다.

중국 화중사범대학교 역사학과 교수 유소홍의 저서《오행이

---

1 은남근 지음, 이동철 옮김,《오행의 새로운 이해》. 법인문화사 2000. 이 책은 중국에서 1992년에 출간된《오행신론》의 번역판이다. 저자 은남근은 "오행학설은 이론상으로 황당한 것이며 실천적으로 통용되지 않는 것이니, 신기하게 적중하는 것, 그것이 오행설이 믿을 만한 것임을 증명해 주지는 못한다. (중략) 오행설을 이용하여 산명하는 것은 남을 속이는 수작에 불과할 뿐"(310쪽)이라고 주장하는 오행설 비판자이다.

란 무엇인가?》[2]에는, 오행설이 등장하여 점성술과 인연을 맺게 되면서 춘추전국시대 사람들이 오행을 이용하여 다섯 개의 행성에 새로 이름을 지은 것으로 기술되어 있다. 한나라 때가 아닌 춘추전국시대라고 기술되어 있지만, 오행에 따라 새로운 이름이 오성에 부여되었다는 점에서는 서복관이나 은남근과 같은 견해를 가진 셈이다.

오행과 오성에 관한 내용이 포함된 우리나라 사주명리학 또는 인접 학문 연구자들의 저술 중에서는 음양오행설에 관한 다각도의 연구서인《음양오행설의 이해》가 눈에 띈다. 저자 김기는, 오행을 천문과 연결하여 논한 것은 한나라 초 문헌인《회남자》〈천문훈〉에서부터이므로 "오행의 근원을 천상의 별자리에서 찾는 것은 무의미한 시도"[3]라며 서복관, 은남근, 유소홍 등과 같은 견해를 보인다.

우리나라와 중국 및 대만 학자들의 그러한 견해는 역사적으로 보아 설득력이 있다. 오행설은 이미 춘추시대에 성립되었으므로 한대에 이르러 세성, 형혹, 진성(鎭星), 태백, 진성(辰星) 등으로 불리던 다섯 개의 별에 목성, 화성, 토성, 금성, 수성이라는 오행에 따른 새로운 명칭을 부여했다고 보는 것이 합리적이

---

2 유소홍 지음, 송인창·안유경 옮김,《오행이란 무엇인가?》. 심산 2013. 이 책은 중국에서 2009년에 출간된《신비적오행》의 번역판이다. 오행론의 역사적 기원과 활용에 관해 상세하게 기술하고 있는 책이다. 그러나 저자 유소홍은 사주에 관해서는 비판적인 견해를 보이며 출생 연월일시와 오행의 관련성에 대한 설명과 검증에 문제가 있음을 지적한다.
3 김기,《음양오행설의 이해》. 문사철 2016, 31쪽.

기 때문이다.

오행에 따라 새로운 명칭을 오성에 부여했으므로 오행의 기원이 천문과 무관하다는 견해에는 무리가 없다. 그런데 세성(歲星)은 오행의 목과 무슨 관련이 있어서 목성이라는 명칭을 갖게 되었을까? 왜 형혹(熒惑)은 화성, 진성(鎭星)은 토성, 태백(太白)은 금성, 진성(辰星)은 수성이라는 이름으로 불리게 되었을까?

오성의 새로운 명명의 개별적 이유에 관심을 보인 역술가는 김성태다. 그는 자신의 저서 《음양오행》에서 수성에 오행의 수가 배정된 이유는, 수성은 대기가 희박하여 태양의 복사 에너지를 저장하지 못하고 방출하는 찬 기운을 가졌기 때문이라고 설명한다.

그리고 금성에 오행의 금이 배정된 이유는 가을처럼 태양열을 가득 품는 기운을 지녔기 때문이며, 화성은 붉은빛으로 따스해 보이지만 속에는 냉기를 감추고 있어서 오행의 화가 배정되었고, 목성은 대기의 수직 운동과 오랜 시간 한 자리를 지키는 특성 때문에 목이 배정되었다고 설명한다. 토성에 토가 배정된 이유는 태양 에너지를 복사하여 방출함으로써 만물을 키우는 땅과 같은 역할을 하기 때문이라고 한다.

그런데 한국천문연구원 자료에 따르면 수성이 찬 기운을 갖고 있다고 단정하기에는 무리가 있다. 표면의 평균 온도가 섭씨 약 179도에 이르기 때문이다. 오행의 수와 마찬가지로 찬 기운에 해당하는 오행의 금이 배정된 금성의 표면 평균 온도는 섭씨 약 467도에 이르는 고온이다.

반면에 오행의 목이 배정되었으니 따뜻해야 할 목성의 표면 온도는 섭씨 영하 148도에 이른다. 그리고 가장 뜨거워야 할 화성의 표면 평균 온도는 섭씨 영하 80도이며, 토성은 섭씨 영하 176도이다. 그러므로 각 행성의 특성과 각 행성에 배정된 오행의 특성을 대응시키려는 김성태의 시도는, 적어도 온도에 관해서는 설득력이 없다.

그리고 대기의 수직 운동과 오랜 시간 한 자리를 지키는 특성 때문에 목이 배정되었다는 목성은, 공전 주기가 약 12년이므로 다른 행성들에 비해서는 오랜 시간 한 자리를 지키는 것이 맞지만 토성의 공전 주기가 약 30년임을 생각하면 그런 이유로 목성에 목이 배정되었다는 설명은 크게 설득력을 얻지 못한다.

또 나무의 성장을 연상케 하는 목성 대기의 수직 운동은 목성 대기의 소용돌이 상하 구조를 가리키는 듯한데, 당시에 그러한 현상의 관측이 가능했을지 의문이다. 그래도 어쨌든 김성태도 다섯 개의 행성에서 오행이 유래한 것이 아니라 다섯 개의 행성에 오행에 따른 명칭이 새롭게 배정되었다는 견해인 것은 분명하다.

오행과 오성 관련하여 특이한 것은 2017년에 간행된《사주의 탄생》저자 김두규의 주장이다. 그는 오행의 목·화·금·수를 목성·화성·금성·수성과 동일시하며 토는 지구라고 주장한다. 토성은 언급하지 않는다.

김두규는 동중서의《춘추번로》를 인용하면서 "하늘에 오행이 있다"라는 말은 "목성·화성·지구·금성·수성이 있다는 말로 해석하여도 별 무리가 없다"[1]라고 주장한다. 그러나 천문 관측에서 하늘에 지구가 있다는 말은 어불성설이다.

《춘추번로》〈오행지의〉에 실려 있는 "하늘에 오행이 있다"라는 구절은, 하늘에 인격적인 의미를 부여하여 천인감응론을 주장했던 동중서가 오행도 아버지, 아들 등으로 의인화하여 인격체인 오행이 인격체인 하늘에 있다는 뜻으로 사용한 것이다. 동중서의 천(天) 사상과 오행론의 함축적인 표현이다. 하늘의 다섯 개 별과는 아무 관련이 없다.

그런데 김두규는 2023년에 간행된 자신의 저서《믿을 수 없는 사주, 믿고 싶은 사주》에서 또 똑같은 주장을 반복한다. 특히 그는 책의 말미에 명나라 때 인물 유기의 글을 인용하면서 원문 "日月木火土金水"의 土를 지구로 번역했는데, 바로 그다음에 "7개 별[七曜]이 위에서 운행하면, 아래에서는 만물이 생성된다"[2]라는 문장이 이어진다.

그의 주장대로라면, 해·달·목성·화성·지구·금성·수성이 위에서 운행하면 아래에서 만물이 생성된다는 말인데, 아래는 어디인가? 김두규의 주장은 이치에 맞지 않고, 여러 문헌에 등장하는 칠정(七政)과 칠요(七曜)의 정의에도 맞지 않다. 칠정과 칠요는 해, 달, 목성, 화성, 토성, 금성, 수성 등을 통틀어 일컫는 말이다.

1 김두규,《사주의 탄생》. 홀리데이북스 2017, 56쪽.
2 김두규,《믿을 수 없는 사주, 믿고 싶은 사주》. 홀리데이북스 2023, 192쪽.

오행은《서경》에서는 일상생활에 필요한 기본적인 물질을 가리키는 구체적인 용어로,《관자》에서는 계절과 방위를 가리키는 추상적인 용어로 등장한다. 오행 개념의 성립 과정 그 어디에도 하늘의 다섯 개 별이 영향을 끼친 흔적은 없다. 오히려 세성, 형혹, 진성(鎭星), 태백, 진성(辰星) 등으로 불리던 다섯 개의 별이 오행의 영향을 받아서 본래의 이름을 잃고 목성, 화성, 토성, 금성, 수성 등으로 개명을 당한 것이다.

'오행이 건강 좌우' 의학적 근거 없어

세성, 형혹, 진성(鎭星), 태백, 진성(辰星) 등으로 불리던 다섯 개의 별에 목성, 화성, 토성, 금성, 수성이라는 새로운 명칭을 부여했듯이 한나라 때는 오행을 여기저기 결부시키는 것이 성행했었다. 오상(五常) 역시 한나라 때 인위적으로 오행과 결부되어 만들어진 것이다.

전한의 유학자 동중서는 맹자의 인(仁)·의(義)·예(禮)·지(智) 사단(四端)에 신(信)을 추가하여 굳이 다섯을 만들어 인·의·예·지·신 오상을 제시했다. 사람이 지켜야 할 다섯 가지 기본적인 덕목이라는 것이다. 그리고 자신의 저서《춘추번로》〈오행상생〉에서 목과 인(仁), 화와 지(智), 토와 신(信), 금과 의(義), 수와 예(禮)를 결부시켜 설명했다.

그런데 오늘날 통용되는 오행의 오상 배속은 '목-인, 화-예, 토-신, 금-의, 수-지'이다. 동중서가 제시했던 내용에서 화와 수가 바뀐 것이다. 이렇게 화와 수를 바꾸어 화를 예에, 수를 지에 배속시키는 오늘날의 대응 관계는 후한 때 정현이 제시한 방식이 정착된 것이다.

그러한 역사적 경위를 통해서 오행과 오상의 관계가 한나라 때 한 개인에 의해 임의로 정해졌고 또 한 개인에 의해 임의로 바뀌었다는 사실을 알 수 있다. 그러므로 "물은 자신의 형태를 규정하고 있지 않기에 동서양을 막론하고 지혜의 상징이었다"[1] 라는 말은 후한 때 정현의 '수(水)-지(智)' 배속을 합리화하는 수사일 뿐이다.

만일에 전한 때 동중서의 규정대로 수(水)가 예(禮)에 배속되어 오늘날까지 그대로 통용되고 있다면 다른 어떤 말로, 이를테면 "물은 자신을 낮추어 항상 아래로 흐르기 때문에 겸손하고 예의 바르다" 등의 말로 합리화했을 것이다.

따라서 "일간의 오행이 목이니 어진 성품을 타고났다" 등의 방식으로 사주 일간의 오행에 해당하는 오상에 따라 성품을 말하는 것은 "목요일에 태어났으니 어진 성품을 타고났다" 등의 말과 마찬가지로 뜬금없는 허언에 불과하다. 허언이 아니라면, 개인의 성품이 한나라 때 동중서나 정현에 의해 인위적으로 결정되기도 하고 바뀌기도 한다는 말인가?[2]

---

1 강헌,《명리, 운명을 읽다》. 돌베개 2016, 70쪽.
2 게다가 동중서가 인의예지신 오상을 제시한 것은 인간의 성품에 따른 것이 아니라 정치적인 요구에 따른 것이라는 연구도 있다. 다음의 문헌을 참고하라. 서복관,〈음양오행설과 관련 문헌의 연구〉. 실린 곳: 양계초 외 지음, 김홍경 편역,《음양오행설의 연구》. 신지서원 1993, 53~156쪽.

더욱 심각한 문제는, 오행을 인체의 오장육부와 결부시키면서 사주를 보면 건강도 알 수 있다는 "위험한 농담"[1]을 서슴지 않는 것이다. 고미숙은 사주가 "오장육부의 흐름을 반영한다"[2]라고 주장하고, 강헌은 "오행의 균형이 무너질 때 건강에 문제가 생긴다"[3]라고 주장한다. 그러나 의학적 근거는 아무것도 없다.

오행과 인체 장부의 대응은 고대의 문헌에 따라 다르다. 오장을 예로 들면, 사주명리학에서 통용되는 오행-오장 배속은 '목-간장, 화-심장, 토-비장, 금-폐장, 수-신장'이다. 그러한 대응 관계의 근거로 흔히 등장하는 문헌은 한나라 때 저술로 추정되는《황제내경》이다.

그런데 전국시대 진나라 재상이었던 여불위의 저술인《여씨춘추》와 한나라 때 양웅의 저술인《태현경》에는 오행과 오장의 대응 관계가 '목-비장, 화-폐장, 토-심장, 금-간장, 수-신장'으로 기록되어 있다. 또《관자》에는 '목-비장, 화-간장, 토-심장, 금-신장, 수-폐장'으로 대응되어 있다.

이로써 알 수 있는 것은, 오행과 오장의 대응이 시대에 따라 문헌에 따라 다르게 설정되어 있다는 사실이다. 그러한 문헌의 기록은 당시 중국인들의 오행설에 입각한 인체관이 그러했다는

---

1 이지형,〈음양오행이라는 거대한 농담, 위험한 농담〉. 실린 곳:《KOREA SKEP-TIC》Vol. 6, 바다출판사 2016년 6월 1일 발행, 110~127쪽.
2 고미숙,《나의 운명 사용설명서》. 북드라망 2014, 91쪽.
3 강헌,《명리, 운명을 조율하다》. 돌베개 2016, 303쪽.

것을 의미할 뿐 의학적 근거가 되는 것은 아니다.

흥미로운 것은 조선 후기 실학자 정동유가 1806년에 간행된 자신의 저서 《주영편》에서 《황제내경》과 《태현경》의 오행-오장 설명이 다름을 날카롭게 지적했다는 사실이다. 그러면서 정동유는 서양 사람들이 번번이 "중국 의술은 오로지 오행의 설만 따르기 때문에 병을 고치지 못한다"[4]라고 하는데 오행설에 따른 의술을 버려야 되는 것 아닌가, 하는 고민을 드러냈다.

한편 《연해자평》, 《적천수》 등 사주명리학의 고전에도 질병에 관한 내용이 있으나 모두 탁상공론에 불과하다. 상해에서 중의학을 공부했던 반자단이 《적천수》의 질병에 관한 내용을 직접 환자와 비교해 보고 자신의 저서 《명학신의》〈적천수신주〉에서 그 내용을 모두 삭제해 버렸을 정도이다.

사주명리학과 한의학은 음양오행이라는 공통된 뿌리를 갖고 있으므로 "양자간의 다른 양태 속에서도 사람들을 놀라게 하는 동일성이 있기도"[5] 하지만, 그렇다고 해서 한의학의 오행에 관한 논술이 그대로 사주에 해당되는 것은 아니다.

상해 화동사범대학교 교수가 되기 전에 중의사였던 홍비모는 《황제내경》에서의 오행과 사주명리학에서의 오행을 "등식 관계에 놓고 따질 수는 없다"[6]라고 단언한다. 학술 체계가 다르기 때

---

4 정동유 지음, 안대회 외 옮김, 《주영편》. 휴머니스트 2016, 248쪽.
5 홍비모·강옥진 지음, 문재곤 옮김, 《時의 철학》. 예문지 1993, 227쪽. 이 책은 중국에서 1991년에 출간된 《중국고대산명술》의 번역판이다.
6 위와 같은 곳.

문이다. 한의학에서 오행의 화가 심장과 대응된다고 해서, 사주의 간지에 부여된 오행의 화가 사주 주인공의 심장과 대응되는 것은 아니라는 뜻이다. 화요일이 심장과 아무 관계 없는 것과 마찬가지다.

천간과 지지가 다 함께 오행에 결부되어 나타나는 최초의 문헌인 한나라 때 저술 《회남자》를 비롯하여 간지의 오행이 규정된 문헌들을 살펴보면, 간지의 오행은 방위 및 계절의 기운과 결부되어 있으며 인체와는 전혀 관련이 없다는 사실을 누구나 알 수 있다. 그러므로 사주의 간지에 부여된 오행과 인체를 관련시키는 말은, 장기판의 말과 마구간의 말을 관련시키는 말과 마찬가지로 터무니없는 말이다.

사주의 간지는 육십갑자의 순환에 따라 기계의 톱니바퀴처럼 맞물려 돌아간다. 그런데 그것이 운명, 성품, 건강 등을 나타낸다니, 사람이 그렇게 공산품처럼 규격에 따라 운명과 성품과 건강 등을 부여받으면서 태어난다는 말인가? 사람이 무슨 육십갑자의 틀로 구워내는 붕어빵인가?

허무맹랑한 오행의 상생과 상극

　오행에는 생의 다섯 가지 규칙과 극의 다섯 가지 규칙이 있다. 생의 규칙은 목생화(木生火)·화생토(火生土)·토생금(土生金)·금생수(金生水)·수생목(水生木) 다섯 가지다. 극의 규칙은 목극토(木剋土)·토극수(土剋水)·수극화(水剋火)·화극금(火剋金)·금극목(金剋木) 다섯 가지다.

　그러한 생과 극의 다섯 가지 규칙은 언제 어떻게 성립되었을까? 자연의 법칙 또는 우주의 기운에 따라 성립되었을까? 사주풀이에 절대적으로 적용되는 오행 생극 규칙의 합리성에 대해 의문을 갖는 것은 지극히 당연한 일이다.

　일찍이 명나라 때 정치가이며 철학자인 왕정상은 저서《왕씨가장집》에서 "무릇 목(木)은 화(火)를 기(氣)로 삼고 수(水)를 자양으로 삼으며 토(土)를 집으로 삼는데, 이는 자연적으로 이루어진 지극한 도(道)다. 오행가는 수가 목을 낳는다고 하지만,

토가 없으면 목을 어느 곳에다 부착할 수 있겠는가?"[1]라고 묻는다. 수생목이라고 하지만, 토생목은 왜 안 되느냐는 물음이다. 어떤 대답을 할 수 있을까?

왕정상으로부터 400여 년 후의 사람인 대만의 역사학자 서복관도 같은 질문을 던진다. "'수가 목을 낳는다'는 것은 나무가 물을 필요로 하기 때문에 나온 관념이다. 그렇지만 '토가 목을 낳는다'고 하는 것은 왜 합리적이지 않은가."[2] 이에 어떤 대답을 할 수 있을까?

오랜 세월의 간극을 두고 같은 질문이 반복된다는 것은 여전히 그러한 의문이 해결되지 않고 있다는 증거이다. 그렇다면 생의 규칙성 자체를 의심해야 하는 것 아닐까? 굳이 왕정상이나 서복관 같은 학자들을 인용하지 않더라도 누구든지 얼마든지 다양한 의문을 가질 수 있으니까 말이다. 예를 들면, 쇠를 맞부딪치면 불꽃이 일어나는데 그것이 금생화(金生火)의 경우가 아니라면 무엇인가? 땅을 파면 물이 나오는데 토생수(土生水)라고 하지 못할 이유가 어디에 있는가?

이쯤에서 목생화·화생토·토생금·금생수·수생목 그리고 목극토·토극수·수극화·화극금·금극목이라는 공식을 잠시 잊고, 오행의 생과 극이 자연계에서 실제로 어떻게 나타나는지 유연

---

1 재인용, 은남근 지음, 이동철 옮김, 《오행의 새로운 이해》, 법인문화사 2000, 259~260쪽.
2 서복관, 〈음양오행설과 관련 문헌의 연구〉, 실린 곳: 양계초 외 지음, 김홍경 편역, 《음양오행설의 연구》, 신지서원 1993, 53~156쪽, 인용은 78쪽.

하게 살펴볼 필요가 있다.

폭염에 대지가 메마르는 현상은 분명 화극토에 해당하지만 메마른 대지에 내리는 단비는 틀림없는 수생토에 해당한다. 그리고 땅심을 돋우는 객토는 토생토에 해당하지만 지진은 토극토에 해당할 것이다. 그뿐 아니다. 산불을 끄기 위해 맞불을 놓는 경우가 화극화가 아니면 무엇이겠는가?[3]

오행의 생과 극이 일상의 구체적 사물 관계에서 비롯되었지만 그 출발점에 한정되어 있지 않고 각 오행이 대표하는 기운의 관계로 확장된다는 점을 감안하더라도 의문은 해결되지 않는다. 바람에 마르는 젖은 옷의 경우는 목극수, 탄력을 받아 가속도가 붙는 것은 목생목 등 생극의 규칙을 벗어나는 사례가 어디 하나둘인가?

그러면 자연계에서 다양하게 나타나는 그러한 생극의 여러 현상 중에서 유독 생의 다섯 가지 경우와 극의 다섯 가지 경우만 규칙으로 성립된 이유는 무엇일까? 그 이유는 어떤 문헌에도 설명되어 있지 않다.

다만 극의 경우는, 항상 극이 성립되는 것이 아니라 조건에 따라 달라질 수 있다는 인식이 춘추시대 저술인《손자병법》과 전국시대 저술인《묵자》에 오행무상승설로 나타나 있다. '오행에 항상[常] 이기는[勝] 관계는 없다'라는 오행무상승설(五行無常

---

3 박주현,《자평명리학》. 삼명 2014, 68~75쪽. 오행이 오행을 생하는 스물다섯 가지 경우와 오행이 오행을 극하는 스물다섯 가지 경우, 즉 모두 쉰 가지 생극의 경우가 예시되어 있다.

勝說)은 이김의 조건, 즉 극의 조건에 관한 것으로서 조건에 따라 상황이 역전될 수 있다는 인식을 보여준다. 그러한 인식은 극의 관계뿐만 아니라 생의 관계에도 마찬가지로 적용되어, 조건에 따라 오행의 생극이 뒤바뀌는 다양한 사례가 송나라 때 서대승에 의해 총정리되었다.

서대승이 원저자로 알려진 《연해자평》에 여섯 가지 경우가 제시되어 있는데, 강한 오행이 관성을 만나는 경우와 약한 오행이 관성을 만나는 경우, 그리고 강한 오행이 식상을 만나는 경우 등은 생극의 일반적인 이해에서 벗어나지 않으므로 제외하고, 나머지 세 가지 경우만 '인성 과다의 경우'와 '식상 과다의 경우' 그리고 '재성 과다의 경우'로 이름 붙여 여기에 옮긴다.

1) 인성(印星) 과다의 경우

金賴土生(금뢰토생) 土多金埋(토다금매)
금은 토의 생에 의지하지만 토가 많으면 금이 묻힌다.

土賴火生(토뢰화생) 火多土焦(화다토초)
토는 화의 생에 의지하지만 화가 많으면 토가 갈라진다.

火賴木生(화뢰목생) 木多火熾(목다화치)
화는 목의 생에 의지하지만 목이 많으면 화가 날뛴다.

木賴水生(목뢰수생) 水多木漂(수다목표)

목은 수의 생에 의지하지만 수가 많으면 목이 표류한다.

水賴金生(수뢰금생) 金多水濁(금다수탁)

수는 금의 생에 의지하지만 금이 많으면 수는 탁해진다.

2) 식상(食傷) 과다의 경우

金能生水(금능생수) 水多金沈(수다금침)

금은 능히 수를 생하지만 수가 많으면 금이 잠긴다.

水能生木(수능생목) 木多水縮(목다수축)

수는 능히 목을 생하지만 목이 많으면 수가 고갈된다.

木能生火(목능생화) 火多木焚(화다목분)

목은 능히 화를 생하지만 화가 많으면 목이 불타 없어진다.

火能生土(화능생토) 土多火埋(토다화매)

화는 능히 토를 생하지만 토가 많으면 화가 매몰된다.

土能生金(토능생금) 金多土變(금다토변)

토는 능히 금을 생하지만 금이 많으면 토가 변한다.

3) 재성(財星) 과다의 경우

金能剋木(금능극목) 木堅金缺(목견금결)
금은 능히 목을 극하지만 목이 단단하면 금이 부스러진다.

木能剋土(목능극토) 土重木折(토중목절)
목은 능히 토를 극하지만 토가 많으면 목이 부러진다.

土能剋水(토능극수) 水多土流(수다토류)
토는 능히 수를 극하지만 수가 많으면 토가 떠내려간다.

水能剋火(수능극화) 火多水熱(화다수열)
수는 능히 화를 극하지만 화가 많으면 수가 뜨거워진다.

火能剋金(화능극금) 金多火熄(금다화식)
화는 능히 금을 극하지만 금이 많으면 화가 꺼진다.

사주명리학의 백과사전이라고 불리는 명나라 때 만민영의 저술《삼명통회》에 실려 있는 서대승의 〈원리부〉에도 위와 같은 내용이 있다. 그리고 청나라 때 심효첨이 저술한《자평진전》에 중화민국의 명리학자 서락오가 주석을 달아 출간한《자평진전평주》에도 같은 내용이 실려 있다. 설명은 간단하지만 심오한 이치가 담겨 있으며 수학의 가감승제와 마찬가지로 중요하다는, 서락오의 촌평도 덧붙여져 있다.

그러나 오행의 생극이 뒤바뀌는 다양한 사례 제시가, 유독 생의 다섯 가지 경우와 극의 다섯 가지 경우만 규칙으로 성립된 이유나 합리적 근거에 대한 해명이 되는 것은 아니다. 오히려 그렇게 수많은 변수에도 불구하고 왜 그런 규칙이 성립되었는지에 대한 의문만 증폭시킨다.

사주 여덟 글자에서 어떤 글자의 오행이 다른 글자의 오행을 생하거나 극하는 관계에 있으므로 당신의 삶이, 가족 관계가, 운명이 어떻다는 식의 해석은 사실 허무맹랑한 것이다. 글자의 생극 관계가 사람에게 영향을 끼친다고 말할 수 있는 인과적 연관성이 없을 뿐만 아니라, 생극의 규칙 자체에도 성립 당위성이 없기 때문이다.

왕조 정당성 조작에 이용된 오행

오행의 상생설과 상극설은 새로운 왕조의 성립에 정당성을 부여하기 위한 수단으로 이용되기도 했다. 전국시대 후기 제나라 사람 추연은 오행상극설을 역사 발전의 원리로 전유하여, 목극토이므로 목의 덕을 가진 나라가 토의 덕을 가진 나라를 이기고, 금극목이므로 금의 덕을 가진 나라는 목의 덕을 가진 나라를 이기는 방식으로 왕조가 교체된다는 오덕종시설(五德終始說)을 주장했다.

그렇다면 어떤 나라가 어떤 오행의 덕을 갖는지는 어떻게 알수 있을까? 추연의 대답은 하늘이 부응(符應)으로 정해 준다는 것이었다. 부응은 자연 현상을 통해 드러나는 하늘의 뜻을 의미한다. 전국시대 저술인《여씨춘추》〈응동〉에 설명되어 있는 오덕종시설 내용의 일부를 옮기면 다음과 같다.

"우 임금이 제왕이 될 시기에 이르자 하늘은 먼저 초목이 가을과 겨울에도 말라 죽지 않는 것을 보여줬는데, 우 임금이 말하기를 '목(木)의 기운이 우세한 것이다'라고 했다. (중략) 탕 임금이 제왕이 될 시기에 이르러서는 하늘은 먼저 칼이 물에서 나타난 것을 보여줬는데, 탕 임금이 말하기를 '금(金)의 기운이 우세한 것이다'라고 했다. (중략) 문왕이 제왕이 될 시기에 이르러서는 하늘은 먼저 불덩이와 함께 붉은 까마귀가 단서(丹書)를 입에 물고 주나라의 사(社)에 모여 앉아 있는 것을 보여줬는데, 문왕이 말하기를 '화(火)의 기운이 우세한 것이다'라고 했다. (중략) 화를 대신할 것은 반드시 수(水)가 될 터인즉 하늘은 장차 수의 기운이 우세함을 먼저 보여줄 것이다."[1]

가을과 겨울에도 말라 죽지 않는 초목의 부응에 따라 우 임금이 건국한 하나라는 목덕을 가진 나라가 되었고, 물에서 나타난 칼의 부응에 따라 탕 임금이 세운 은나라는 금덕을 가진 나라가 되었다. 그래서 은나라가 금극목으로 하나라를 이기면서 왕조가 교체되었다. 그리고 문왕의 주나라는 불덩이와 붉은 까마귀, 단서(丹書) 등의 부응에 따라 화덕을 갖게 되었고 화극금으로 은나라를 무너뜨렸다. 그렇게 극의 방식으로 왕조가 교체된다는 주장이 추연의 오덕종시설이다.

다음에는 화덕을 가진 주나라를 수극화에 따라 수덕을 가진

---

1 여불위 지음, 김근 옮김,《여씨춘추》. 글항아리 2016, 308~309쪽.

나라가 이기고 새롭게 등장할 것이었다. 그런데 수덕을 가진 나라가 주나라를 이기는 것일까, 주나라를 이긴 나라에 수덕이 부여되는 것일까? 주나라를 이기고 등장한 나라는 진나라였다. 그렇다면 진나라는 수덕을 가진 나라였을까, 수덕을 나중에 부여받았을까, 아니면 스스로 수덕을 자처했을까?

기원전 250년 무렵에 주나라를 멸망시킨 아버지 장양왕의 뒤를 이어 기원전 247년 왕위에 올라 기원전 221년 춘추전국시대의 중국 천하를 통일한 진시황은 오덕종시설을 신봉했었다. 《사기》〈진시황본기〉에는 다음과 같은 기록이 있다.

> "시황제는 오덕(五德)의 처음과 끝이 번갈아 이어지는 순서를 헤아려, 주나라는 화덕(火德)을 얻었는데 진나라가 주나라의 덕을 대신했으니 화덕이 이기지 못하는 것을 따라야 한다고 생각했다. 바야흐로 이제부터는 수덕(水德)이 시작된다고 생각해 (중략) 하수의 이름을 덕수(德水)로 바꾸어 수덕의 시작으로 삼았다."[1]

오덕(五德)의 처음과 끝이 번갈아 이어지는 순서를 헤아렸다는 말은 오행의 상극을 살폈다는 뜻이고, 하수는 황하를 가리킨다. 오행상극에 따라 주나라를 이기는 수덕을 자처하고 황하의 이름을 덕수로 바꾸었다는 것이다.

1 사마천 지음, 김원중 옮김,《사기 본기》. 민음사 2021, 224~225쪽.

그런데 진나라가 얻은 수덕의 부응이 어떤 것이었는지에 대한 언급은 〈진시황본기〉에 없다. 다만 〈봉선서〉에 진나라 22대 군주였던 문공이 사냥을 나갔다가 검은 용을 잡았는데 진시황은 그것을 수덕의 부응으로 생각했다는 내용이 있을 뿐이다. 진나라의 31대 군주이며 첫 번째 황제인 진시황이 22대 군주 때의 오래된 전설을 소환하여 수덕의 부응으로 여겼다는 것은 참으로 궁색하다 하지 않을 수 없다.

그러한 모든 기록은 진나라가 천명에 의해 수덕을 얻은 나라가 아니라, 오덕종시설을 신봉했던 진시황이 중국을 통일한 다음에 오덕종시설에 맞추기 위해 수덕을 자처했으며 부응을 아전인수 격으로 끌어왔다는 증거가 된다. 오덕종시설이 추연에 의해 인위적으로 만들어진 것이고 오덕의 근거로 제시되는 부응 역시 목적에 맞게 임의로 설정된 것임을 알 수 있다.

특히 오덕종시설의 인위성과 임의성은 바로 진나라의 뒤를 이은 한나라 초기에 한나라의 덕에 대한 논쟁이 있었다는 사실로도 증명된다. 오덕종시설에 근거하면 한나라는 수덕인 진나라를 이기고 등장했으므로 토극수에 따라 토덕이 되어야 했다.

그러나 한 고조 유방은 자신을 화덕이었던 주나라의 뒤를 잇는 진정한 계승자로 여겨 수덕을 자처했다. 유학자들이 이에 반대하여 토덕을 주장했지만 받아들여지지 않았다. 그러다가 한 무제에 이르러 토덕으로 전환되었는데, 전한 후기에는 토덕마저 부정되고 화덕설이 성행하여 결국 한나라는 화덕의 나라가 되었다.[1] 그즈음에 부응 따위는 무시되었던 것으로 보인다.

게다가 추연의 오행상극설에 입각한 오덕종시설을 잘 알고 있는 전한 말기의 학자 유흠은 오행상생설에 입각한 새로운 오덕종시설을 창안했다. 금생수이므로 금의 덕을 가진 나라는 수의 덕을 가진 나라로, 수생목이므로 수의 덕을 가진 나라는 목의 덕을 가진 나라로, 즉 오행상생의 순서로 왕조가 교체된다는 것이다. 무력에 의한 상극이 아니라 상생에 의한 평화적인 왕조 교체를 지향했음을 알 수 있다.

한나라의 덕에 대한 논쟁이나 유흠의 새로운 오덕종시설 창안은 오덕종시설이 왕조의 정당화를 위한 관념의 산물일 뿐 오행론이 내세우는 자연의 법칙과 전혀 관련이 없다는 명백한 증거가 된다. 결국 오덕종시설은 고대 중국 왕조의 상징 조작이었던 셈이다.

오덕종시설은 오늘날의 관점으로 보면 터무니없는 소리에 불과하지만 오행론이 지배하던 당시에는 진지하게 받아들여졌고 오래도록 영향을 끼쳤다. 후한 말기에 일어났던 황건적의 난에서도 오덕종시설의 흔적을 찾을 수 있다.

도교적 신흥종교인 태평도의 창시자 장각은 오행상생설에 입각한 유흠의 오덕종시설을 신봉했다. 그래서 장각이 이끄는 태평도 신도들을 중심으로 봉기한 농민들은 한나라를 화덕으로 간주하고 그 뒤를 잇기 위해 화생토의 토덕에 해당하는 황색의

---

1 양양, 〈한대 요후화덕설의 성립〉. 실린 곳:《역사학연구》. 제68집 (2017), 225~256쪽.

두건을 썼다. 그래서 황건적의 난으로 불렸던 것이다.

　한편 원나라 말 미륵불을 숭배하는 백련교를 기반으로 한산 동이 이끌었던 한족의 저항 운동은 송나라의 화덕을 계승한다는 의미로 저항군들이 붉은색 머리띠를 둘렀기 때문에 홍건적의 난으로 불리게 되었다. 그런데 화덕을 계승한다면서 오행상 생설에 따른 화생토의 토덕도 아니고 오행상극설에 따른 수극 화의 수덕도 아닌, 같은 화덕에 해당하는 색깔인 붉은색 머리띠를 두른 것을 보면 의미는 갖다 붙이기 나름이라는 것을 알 수 있다.

하늘의 기운이 땅에서 작용한다고?

사주명리학에서 지지는 특이하게도 독자적인 기운이 아니라 하나 또는 둘 이상의 천간으로 구성되어 있는 기운이다. 지지를 구성하고 있는 천간을 지장간(支藏干)이라고 한다. 하늘의 기운을 나타내는 천간이 땅에서는 지장간이라는 이름으로 땅의 기운까지 좌우하고 있는 것이다.

천간이 하늘의 기운을 나타내고 지지가 땅의 기운을 나타낸다는 발상도 그렇지만, 천간이 지지 속에서 지장간이라는 이름으로 작용한다는 발상은 정말 기발하고 진기하다. 그런데 고대 중국인들은 언제, 어떻게, 왜 그런 생각을 했던 것일까?

문헌에 나타난 가장 오래된 기록은 수나라 때 소길의 저술인 《오행대의》이다. "인묘(寅卯)는 목(木)인데 봄은 화(火)를 품고 있으므로 묘(卯)는 순목(純木)이고 인(寅)은 잡목(雜木) *(중략)* 신유(申酉)는 금(金)인데 가을은 수(水)를 품고 있으므로 유

(酉)는 순금(純金)이고 신(申)은 잡금(雜金)" 등의 구절을《오행대의》에서 발견할 수 있다.

인묘(寅卯)는 목이고 목은 봄을 가리키는 오행이다. 봄이 화를 품고 있다는 말은, 봄이 여름의 기운을 잉태하고 있다는 뜻이다. 그래서 인(寅)에는 목에 해당하는 갑(甲)과 화에 해당하는 병(丙)이 함께 들어 있으니 잡목이고, 묘(卯)에는 목에 해당하는 을(乙)만 들어 있으니 순목이라고 표현한 것으로 이해된다.

마찬가지로 신유(申酉)는 금이고 금은 가을을 가리키는 오행이다. 가을이 수를 품고 있다는 말은, 가을이 겨울의 기운을 잉태하고 있다는 뜻이다. 그래서 신(申)에는 수에 해당하는 임(壬)과 금에 해당하는 경(庚)이 함께 들어 있으니 잡금이고, 유(酉)에는 금에 해당하는 신(辛)만 들어 있으니 순금이라고 표현한 것이다.

그러한《오행대의》의 기록을 통해서 알 수 있는 것은 지장간이 계절의 기운과 결부되어 있다는 사실이다. 음양과 오행이 그렇고, 천간과 지지가 그렇듯이, 지장간도 자연의 기운, 즉 계절의 기운과 결부되어 관념이 형성되었음을 알 수 있다.

지장간 관념은 사주명리학에서도 수용되어, 사주명리학의 초기 형태를 파악할 수 있는 중요한 역사적 자료인 당나라 때 이허중의 저술《이허중명서》에도 "인(寅) 속에는 갑(甲)이 있다", "진(辰) 속에는 을(乙)이 있다" 등 지장간의 단초가 되는 구절들이 등장한다.

오늘날과 같은 지장간 이론이 성립된 것은 북송 때 서자평에 이르러서였다. 서자평이 저술한 《낙록자삼명소식부주》에는 "술(戌)은 화(火)의 고(庫)이며 (중략) 술(戌)의 속에는 신(辛)이 있으니 그것은 가을 금(金)의 여기(餘氣)" 등의 구절이 있는데, 고(庫)는 오행의 기운이 계절에 따라 순환을 마친 다음 소멸되는 상태를 가리키고, 여기(餘氣)는 전월의 기운이 아직 여운을 남기고 있는 상태를 가리킨다. 그런 용어가 사용된 것으로 보아 계절의 순환에 따른 지장간 이론은 서자평 때 이미 구체적으로 성립되었음을 알 수 있다.

그렇게 계절과 결부되어 전개된 지장간 이론이 월지의 지장간을 통해 월의 기운이 깊어 가는 정도를 나타내기 위한 용도로 쓰인 것은 당연한 일이다.

그렇다면 12지지가 나타내는 각 월에 들어 있는 지장간은 무엇이며 각각의 작용 기간은 어느 정도일까? 그에 대한 규율을 월률분야라고 한다.

월률분야가 처음으로 일목요연하게 도표로 나타난 문헌은 남송 때 서대승이 원저자로 알려진 《연해자평》이다. 〈오행발용정례〉에 실려 있는 월률분야 도표를 보기 쉽게 간단한 표로 정리하면 다음과 같다.

지지	지장간
자(子)	壬(10.5) 癸(20.7)
축(丑)	癸(9.3) 辛(3.1) 己(18.6)
인(寅)	戊(7.25) 丙(7.25) 甲(16.35)
묘(卯)	甲(10.55) 乙(20.65)
진(辰)	乙(9.3) 癸(3.1) 戊(18.6)
사(巳)	戊(5.15) 庚(9.3) 丙(16.5)
오(午)	丙(10.35) 己(10.35) 丁(10.35)
미(未)	丁(9.3) 乙(3.2) 己(18.6)
신(申)	己(7.15) 戊(3.15) 壬(3.15) 庚(17.6)
유(酉)	庚(10.55) 辛(20.75)
술(戌)	辛(9.3) 丁(3.2) 戊(18.6)
해(亥)	戊(7.25) 甲(5.05) 壬(18.6)

인(寅)의 경우 무(戊)는 7.25, 병(丙)도 7.25, 그리고 갑(甲)은 16.35라고 기록되어 있다. 각각의 숫자는 사령 기간을 뜻한다.

지장간 이론에서 흔히 사용하는 '사령(司令)'이라는 용어는 작용 또는 지배라는 뜻이다.

인월의 경우를 쉽게 풀이하면, 인(寅) 속에는 무(戊)·병(丙)·갑(甲) 세 개의 지장간이 들어 있는데, 인월이 되면 처음 7.25일 동안은 무토가 지배하고 다음에는 병화가 7.25일, 그리고 갑목이 16.35일 동안 지배한다는 뜻이다.

그런데《연해자평》〈논천지간지암장총결〉에는 절기를 기준으로 삼아 입춘에는 병화가 처음 23일 동안 사령하고 나머지는 갑목이 사령하는 것으로 기록되어 있다. 입춘은 인월의 시작이므로 인월에 병화가 처음 23일 동안, 갑목이 나머지 기간을 사령한다는 뜻이다. 무토는 등장하지 않는다.

그리고 〈우논절기가〉에는 인월의 경우 무토와 병화가 각각 7일씩 사령하고 갑목이 나머지 16일 동안 사령하는 것으로 기록되어 있다.《연해자평》이곳저곳에 쓰여 있는 지장간의 사령 기간이 각각 다르고 지장간 구성에도 차이가 있는 것이다.

또 명나라 때 만민영의《삼명통회》, 청나라 때 진소암의《명리약언》, 중화민국 때 서락오의《자평진전평주》등에 쓰여 있는 지장간의 내용도 모두 상이하다. 월률분야에 대한 일치된 이론은 애초부터 존재하지 않았다는 사실을 알 수 있다. 그리고 어떤 책에도 지장간의 구성이나 사령 기간을 입증할 만한 증거는 제시되어 있지 않다.

눈에 띄는 것은 진소암이《명리약언》에서, 지장간은 기(氣)가 있을 뿐이지 일정 기간을 맡아서 사령할 수 있는 것은 아니므로 며칠씩 날짜를 분담하는 것은 이치에 맞지 않다고 비판적인 의견을 개진했다는 점이다.

한편《연해자평》에는 사령 기간에 대한 언급 없이 지장간 구성만 서술된 부분이 있다. 바로 〈우지지장둔가〉이다. 자(子)에는 계수(癸水)가 있고 축(丑)에는 계수(癸水)와 신금(辛金), 기토(己土)가 있으며 인(寅)에는 갑목(甲木)과 병화(丙火), 무토(戊土)가 있다는 식으로 지장간 구성만 언급되어 있다. 그런데 그와 똑같은 내용이 실려 있는 문헌이 바로 《연해자평》의 저본(底本)인 서대승의 《자평삼명통변연원》이다.

1253년에 간행된 《자평삼명통변연원》에는 사령 기간이 없는 지장간 도표가 〈지지조화도〉라는 이름으로 실려 있다. 그리고 사주와 세운(歲運)의 지지에 들어 있는 지장간에 따라 격국을 판단한다는 간단한 설명이 쓰여 있다. "사주와 세운의 지지"라고 했으니 모든 지지에 적용되는 지장간이라는 것을 알 수 있다. 〈지지조화도〉에 기록된 지장간을 보기 쉽게 표로 정리하면 다음과 같다.

子	丑	寅	卯	辰	巳	午	未	申	酉	戌	亥
癸	癸辛己	戊丙甲	乙	乙癸戊	戊庚丙	己丁	丁乙己	戊壬庚	辛	辛丁戊	甲壬

사령 기간이 없는, 위와 같은 지장간 구성을 인원용사라고 한다. 인원용사라는 표현은, 하늘에 해당하는 천간을 천원(天元), 땅에 해당하는 지지를 지원(地元), 그리고 인간의 삶에 해당하는 지장간을 인원(人元)이라고 부른 데서 비롯된 것이다. 그러니까 인원용사는 인원의 작용, 즉 지장간의 작용이라는 의미이다.

월률분야가 사주의 월지에 들어 있는 지장간을 통해서 월이 깊어 가는 정도, 즉 계절의 변화를 나타내는 것이라면, 인원용사는 모든 지지에 들어 있는 지장간을 통해서 인간의 삶에 끼치는 천간의 영향이라고 이해하면 될 것이다. 정진엽의 연구에 따르면, 인원용사가 월률분야와 분리되어 사주명리학의 새로운 기준이 된 것은 1253년에 간행된 서대승의 《자평삼명통변연원》에서부터였다고 한다.[1]

인원용사 지장간은 세월이 흐르면서 일부 구성이 바뀌기도 했으며 오늘날에도 학자에 따라 다른 견해가 존재한다. 월률분야가 그렇듯이 인원용사 지장간에 관해서도 일치된 이론이 존재하지 않는 것이다.

지장간은 고도의 관념론이어서 각자의 관념에 따라 차이가 있는 것이므로 옳고 그름을 규명할 방법은 없다. 예를 들면 인(寅)에 무(戊)가 들어 있는지 없는지를 어떤 방법으로 확인할 것인가? 관념을 주장하기 위해 다른 관념을 끌어오는 식으로 백날을 논해 봐야 공허할 뿐이다.

게다가 월률분야와 인원용사를 구별하지 못하는 이들도 있다. 《자평학 강의》의 저자인 신창용의 주장에 따르면 일본 명리학자 아부태산(阿部泰山)이 월률분야와 인원용사를 구별하지 못하고 혼동했는데, 그의 영향으로 다음과 같은 그릇된 지장간 표가 우리나라에 범람하고 있다고 한다.[2]

1 서대승 원저, 정진엽 역해, 《연해자평 완역정해 상권》. 이헌 2020, 821쪽.
2 신창용, 《자평학 강의》. 들녘 2013, 273~274쪽.

子	丑	寅	卯	辰	巳	午	未	申	酉	戌	亥
壬癸	癸辛己	戊丙甲	甲乙	乙癸戊	戊庚丙	丙己丁	丁乙己	戊壬庚	庚辛	辛丁戊	戊甲壬

그런데 월률분야 지장간에 사령 기간이 있어서 작용하는 비율이 다른 것처럼, 인원용사 지장간도 모두 똑같은 비율로 구성되어 있는 것이 아니라 역량에 따라 비율이 다르지 않을까?

그런 점에 착안한 대만 명리학자 하건충은 인원용사 지장간의 비율을 제 나름대로 제시했다. 그리고 그것을 대만 명리학자 진춘익이 일부 수정했고, 낭월 박주현은 진춘익의 견해를 수용하여 자신의 저서《자평명리학》과《지지》에 소개했다. 그 내용을 간단히 표로 정리하면 다음과 같다.

子	丑	寅	卯	辰	巳	午	未	申	酉	戌	亥
癸 (1.0)	辛 (0.3) 癸 (0.2) 己 (0.5)	丙 (0.3) 甲 (0.7)	乙 (1.0)	癸 (0.3) 乙 (0.2) 戊 (0.5)	庚 (0.3) 丙 (0.7)	丁 (1.0)	乙 (0.3) 丁 (0.2) 己 (0.5)	壬 (0.3) 庚 (0.7)	辛 (1.0)	丁 (0.3) 辛 (0.2) 戊 (0.5)	甲 (0.3) 壬 (0.7)

신창용이 올바른 인원용사 지장간으로 제시하는 내용도 위의 표와 같은 구성으로 되어 있다. 다만 그는 "수량으로 측정하거나 계산할 수 없는 기(氣)라는 측면의 질적인 변화를 근본적으로 반영할 수 없기 때문"[1]에 인원용사 지장간의 비율을 수치로 나타내는 것은 "근본적으로 무리한 시도"[2]라고 비판하면서 수치는 배제한다. 그러나 그렇게 따지면, 이미 명나라 때 진소암이 지적했듯이, 월률분야의 사령 기간을 수치로 나타내는 것도 근본적으로 무리한 시도가 아닐 수 없다.

이제부터 지장간 이론의 문제점을 요약해 보겠다. 우선 지장간 존재 자체의 문제다. 지장간은 오직 사주명리학에서만 사용되는 독특한 개념으로서 지지를 독자적인 기운이 아닌 천간의 조합으로 규정하는 것이다.

그래서 "십이지지의 원료 자체에 대한 규정을 달리하고 있기 때문에 문제가 생기는 것"[3]으로 보는 비판적인 견해가 있다. "물을 물이라고 알던 것을 언제부터인가 물속에 물 뿐만 아니라 흙도 있고 나무도 있다고 하는 격"[4]이라는 것이다.

그리고 지장간 이론이 도입되면서 오행의 수와 화에 해당하는 지지의 음양이 바뀐 것도 문제로 지적된다. 간지의 음양은, 사실 그것도 수긍할 만한 근거는 아무것도 없지만, 홀수 번째는 양이

---

1 신창용,《자평학 강의》. 들녘 2013, 279쪽.
2 위와 같은 곳.
3 김상연·이명훈·장필순,《음양오행, 볕과 그림자 그리고 다섯 원소》. 와이겔리 2021, 207쪽.
4 위와 같은 곳.

고 짝수 번째는 음인 것으로 설정되어 있었는데, 지장간의 본기에 따라서 해(亥)·자(子)·사(巳)·오(午)의 음양이 바뀌었다.

해수(亥水)가 음에서 양이 되고, 자수(子水)는 양에서 음이 되고, 사화(巳火)는 음에서 양이 되고, 오화(午火)는 양에서 음이 된 것이다. 음양이 바뀌면 정관이 편관이 되고 정재가 편재가 되는 등 사주 풀이에 큰 차이가 발생한다.

지장간이 갖고 있는 무엇보다도 심각한 문제는 일치된 이론이 없다는 것이다. 월률분야 지장간의 구성이 문헌에 따라 다르고 사령 기간도 문헌에 따라 제각각이다. 인원용사 역시 지장간 구성과 비율이 학자에 따라 다르고, 비율을 아예 인정하지 않는 이들도 있다. 그리고 지장간의 존재 자체를 인정하지 않는 이들도 있다.

그러한 모든 문제에도 불구하고, 월지에 적용되는 월률분야는 태어날 때 받은 자연의 기운, 즉 계절의 기운을 세밀하게 파악하려 한다는 점에서 그 의의는 납득이 된다. 그런데 인원용사는 어떤가? 모든 지지에 지장간이 존재하는 것으로 보는 인원용사는 이론 자체의 성립 근거가 없다.

앞서 살펴보았듯이 지장간은 본래 계절의 변화와 결부되어 형성된 관념인데, 월지가 아닌 지지는 계절의 변화와 무관하므로 지장간을 논할 근거가 없는 것이다. 인원용사는 사주명리학 이론 체계의 핵심 요소인데, 그것의 성립 근거가 없으면 인원용사를 기반으로 한 사주 풀이는 다 무엇이란 말인가?

올해와 아무 관련 없는 '올해의 운세'

역술가들은 올해의 운세가 어떻고, 내년은 어떻다는 등의 이야기를 종종 한다. 덕담이라면 좋겠지만, 내년에는 손재수가 있다는 둥 재수 없는 소리를 심각한 표정으로 진지하게 하는 이도 있다.

그런 말에는 근거가 있는 것일까? 과연 갑자년에는 갑자의 기운이 있고, 을축년에는 을축의 기운이 있는 것일까? 이 의문을 해결하기 위해서는 갑자년, 을축년 등 육십갑자 간지를 사용한 연도 표기가 언제, 어떻게 시작되었는지 살펴봐야 한다.

언제 어떻게 시작되었는지 알 수 없는 것들의 기원은 흔히 신화로 소급된다. 오행과 간지의 기원이 중국의 건국 신화에 등장하는 삼황오제(三皇五帝)의 한 명인 황제(黃帝) 신화로 소급되듯이, 간지로 연월일시를 나타내는 간지력의 기원에 관한 이야기에도 어김없이 황제가 등장한다.

삼황(三皇)에 이어 중국을 다스렸던 오제(五帝)의 첫 번째 임금인 황제의 즉위년 동지일 야반시에 일월합벽(日月合璧)과 오성연주(五星連珠) 현상이 있었으며 그 시간이 갑자년 갑자월 갑자일 갑자시, 즉 사갑자이고 그것이 간지력의 역원(曆元)이라는 주장이 있다. 일월합벽과 오성연주는 해와 달, 그리고 수성, 금성, 화성, 목성, 토성 등 오성(五星)이 일직선으로 늘어서는 천문 현상을 일컫는다.

그러나 신화 속의 인물인 황제의 즉위년 일월합벽 오성연주 사갑자가 역원이라는 주장은 '신화의 역사화'에 해당하는 하나의 사례일 뿐이다. 신화의 역사화는 "신화를 역사적 사실로 간주하여 몇몇 시조와 그 발전 계보를 허구적으로 구성"[1]하는 것이다. 특히 황제 신화는 "다양한 민족의 다양한 신화와 역사를 단일한 중화민족의 역사로 만들고자 하는 욕망"[2]의 산물이다.

학자들의 연구에 따르면, 황제 신화는 전국시대 말기로 갈수록 확산되었다고 한다.[3] 황제 신화는 21세기 현재에도 진행되고 있는 민족주의에 입각한 신화의 역사화, 즉 역사 왜곡의 사례이며 중국 정부가 주도하고 있다는 비판도 있다.[4]

그러므로 황제 신화에 일월합벽 오성연주 사갑자가 덧붙여진 역원(曆元) 주장은 믿을 만한 근거가 될 수 없다. 사주명리학 신

---

1 김원중,《중국 문화사》. 을유문화사 2001, 20쪽.
2 이유진,〈중국신화의 역사화와 大一統의 욕망〉. 실린 곳:《중국어문학논집》제 25호 (2003년 11월), 485~507쪽, 인용 499쪽.
3 이성구,《중국고대의 주술적 사유와 제왕통치》. 일조각 1997, 209쪽.
4 김선자,《만들어진 민족주의 황제 신화》. 책세상 2007.

봉자인 한의사 신창용도 "이와 같은 내용은 전설일 따름"[1]이라고 말한다. 사주명리학 비판자인 한의사 홍성국은 "물론 역술가들도 이러한 이야기를 그대로 믿지는 않을 것"[2]이라고 말한다.

한편 한나라 무제가 반포한 중국 최초의 국가 반포력인 태초력의 개력 시점이 기원전 104년 동지일 야반시였으며 그때 간지력이 공식적으로 시작되었다는 주장이 있다. 흥미로운 것은 그때 "해와 달은 둥근 벽옥(碧玉)을 맞춘 것과 같았고 다섯 별은 연이어진 구슬과 같았다"라는 《한서》〈율력지〉의 기록이다. 일월합벽과 오성연주 현상이 있었다는 뜻이다.

황제 즉위년 동지일 야반시의 사갑자가 역원이라는 주장과 한 무제의 태초력 반포일인 기원전 104년 동지일 야반시가 역원이라는 주장에서 공통으로 등장하는 천문 현상인 일월합벽 오성연주가 당시에 실제로 있었는지는 확인할 수 없다.

그러나 신화 속의 인물인 황제 즉위년 동지일 역원 주장보다는 역사 속의 인물인 전한 무제의 태초력 반포일 역원 주장이 더 현실성 있어 보인다. 그런데 전한 무제 당시에는 연도를 육십갑자 간지로 표기한 것이 아니라 목성의 위치를 기준으로 표기했었다. 그것을 세성기년법(歲星紀年法)이라고 한다. 세성은 목성의 본래 이름이다.

세성의 공전 주기는 약 12년이므로 그 궤도를 12개의 구역으로 나누어 세성이 어느 위치에 있느냐에 따라서 그해의 이름을

---

1 신창용,《자평학 강의》. 들녘 2013, 222쪽.
2 홍성국,《신비의 이론 사주 궁합의 비밀을 밝힌다》. 한솜 2010, 172~173쪽.

붙이는 방식이 세성기년법이다. 세성의 위치가 1년의 기준이 되는 것이다. 설날 웃어른께 드리는 '세배(歲拜)'라는 말도 세성의 '세'에서 유래한 것이다.

한편 고대 중국에는 동쪽에서 서쪽으로 12지지의 명칭을 붙여서 하늘을 나누는 방식이 있었는데, 세성은 서쪽에서 동쪽으로 운행하므로 방향이 반대다. 그래서 12지지와 역순이 되는 불편을 해소하기 위해 동쪽에서 서쪽으로 운행하는 가상의 행성을 고안했는데, 그것을 태세(太歲)라고 한다. 태세는 오늘날에도 그해의 간지를 가리키는 용어로 쓰인다. 예를 들면 2023년의 태세는 계묘, 2024년의 태세는 갑진이다.

북경대학교 교수 왕력이 "가짜 세성"[3]이라고 표현한 태세는 진짜 세성과 반대 방향으로, 즉 동쪽에서 서쪽으로 운행한다. 그러한 태세의 위치를 1년의 기준으로 삼는 방식을 태세기년법(太歲紀年法)이라고 한다.

그런데 전한 말기에 이르러 세성의 공전 주기가 12년이 아니라 약 11.86년이라는 사실이 밝혀지면서 세성기년법의 오류가 드러났다. 약 0.14년의 오차가 누적되어 약 85년이 지나면 세성 공전 궤도의 12개 구역 중에서 한 구역의 오차가 발생하는 초진(超辰) 현상이 일어난다. 1년의 오차가 발생한다는 뜻이다. 따라서 세월이 흐를수록 세성의 실제 위치와 연도 표기의 차이가 커지게 된다.

---

3 왕력 지음, 이홍진 옮김,《중국고대문화상식》. 형설출판사 1989, 31쪽.

그러한 사실이 밝혀지자 세성 운행의 역방향으로 만들었던 가상의 별 태세는 존재 근거를 잃어버리게 되었다. 홍성국의 표현에 따르면 "태세는 하루아침에, 세성과 짝을 이뤄 돌던 하늘의 별에서, 지상의 인간들이 종이 위에 그린 별로, 즉 지상의 인간들의 머릿속에서 도는 별로 전락"[1]했다.

그래서 후한 장제 원화 2년(서기 85년)에 반포된 사분력 이후부터는 세성기년법과 그에 따른 가상의 방식인 태세기년법을 폐지하고 갑자년, 을축년 등 육십갑자 간지로 연도를 나타내기 시작했다. 육십갑자 간지로 연도를 나타내는 방식을 간지기년법(干支紀年法)이라고 한다. 연표에 나오는, 간지기년법을 사용하기 전의 간지는 후세 사람들이 역산(逆算)하여 표기해 놓은 것이다.

세성기년법의 오류를 해결한 것이 아니라 세성기년법 자체를 포기하고 천문과 무관한 인위적 주기인 육십갑자 간지기년법을 택했다는 것은, 과학적으로 문제를 해결한 것이 아니라 과학성을 포기함으로써 문제를 해결한 것이라고 홍성국은 말한다.[2] 김일권이 지적하듯이 "세성의 위치에 따른 매년의 천문학적인 의미 추구를 포기"[3]한 것이다.

이로써 태세기년법에서 비롯되어 오늘날에도 태세라고 부르는 그해의 간지가 천체의 운행에 따른 우주의 기운과 무관하게

---

1 홍성국,《신비의 이론 사주 궁합의 비밀을 밝힌다》. 한솜 2010, 196쪽.
2 위의 책 198쪽.
3 김일권,《동양 천문사상, 하늘의 역사》. 예문서원 2007, 228쪽.

인위적으로 결정된 것이라는 역사적 경위가 드러났다. 갑자년이 갑자년이고, 을축년이 을축년인 것은 육십갑자의 순서에 따른 것이지 우주의 기운과 아무런 관련이 없다. 올해의 운세가 어떻다고 말할 수 있는 자연적 우주적 근거가 아무것도 없다는 뜻이다.

아무런 근거가 없다는 점에서는 10년을 주기로 바뀌는 대운(大運)도 마찬가지다. 월주에서 파생되는 육십갑자 간지를 대운이라고 부르면서 대단한 의미를 부여하지만, 월주에서 어떻게 무슨 기운이 파생된다는 말인가? 게다가 남녀에 따라 육십갑자 간지가 순행 또는 역행한다는 설정도 지나치게 인위적이다. 도대체 어떤 자연의 기운 또는 우주의 기운이 남녀를 구별하여 순행 또는 역행하면서 작용한다는 말인가?

한편 사주명리학에 과학적 근거가 있다면서 "신축년의 운세를 볼 때 자신의 사주에 신금이나 축토가 있으면 주파수 공진현상이 일어나 에너지가 크게 증폭된다"[4]라고 희한한 주장을 하는 이도 있지만, 말이나 글로는 천지 창조도 가능하다.

그렇게 주파수 공진 운운하려면 십천간과 십이지지의 주파수는 각각 몇 헤르츠인지, 어떤 방법으로 측정했는지 밝혀야 한다. 그리고 천간과 지지의 조합인 육십갑자의 주파수를 측정하는 방법, 주파수 공진을 확인하는 방법 등을 공개해야 한다. 아무런 데이터도 제시하지 못하는 그런 주장은 망상에 불과하다.

---

4 안민수, 《현대 명리학과 과학의 만남》, 다산글방 2022, 29~30쪽.

베이컨이 말하는, 올바른 인식을 방해하는 네 가지 오류 가운데 '시장의 우상 (Idola Fori)'이라는 것이 있다. 어떤 용어를 사용함으로써 마치 그 용어에 대응하는 실재가 있는 것 같은 착각에 빠지는 오류를 가리킨다.

오행, 천간, 지지, 지장간, 육십갑자 등은 실재하는 물리량이 아니다. 그러나 사주명리학에 심취하다 보면 마치 그런 요소들이 실재하는 것 같은 착각을 하게 된다. 그런 의미에서 사주명리학의 이론 전개는 베이컨이 말하는 '시장의 우상'에 속하는 오류를 낳는다. 그래서 사주는 과학이라는 주장까지 서슴지 않게 되는 것이다.

이런 질문을 던져 볼 수 있겠다. "천간과 지지의 주파수를 측정하는 기기는 시장에서 얼마에 거래가 될까?" 이 질문을 받고 가격을 상상했다면, 천간과 지지의 주파수를 측정하는 기기가 존재한다는 착각에 빠진 것이다. 그런 측정 기기가 존재하지 않는데 어떻게 가격을 정할 수 있느냐는 생각을 했다면, 스스로 이렇게 물어야 한다. "나는 혹시 천간과 지지는 실재한다고 착각한 것 아닌가?"

십일신화로 소급되는
일주의 논리적 오류

"날은 또 받아 무엇 합니까. 저번에는 일진이 나빠서 그 꼴이
됐나요." 염상섭의 소설《대를 물려서》에 나오는 말이다. 한용
운의 소설《흑풍》에는 "육갑을 가지고 태세니 일진이니 하고 연
월일시를 따지는 것이 또한 우스운 일이지요"라는 말이 나온다.
"일진이 좋다", "일진이 나쁘다" 등의 말은 지금도 일상에서 가
끔 들을 수 있다.

　일진은 갑자일, 을축일 등의 방식으로 그날그날을 나타내는
육십갑자 간지를 가리킨다. 일진은 사주에서 일주(日柱)에 해당
한다. 당연한 의문이 생긴다. 일진은 어떤 원리로 어떻게 정해
졌을까? 과연 우주의 기운과 결부되어 운명에 영향을 끼치는 것
일까?

　날짜를 간지로 나타낸 가장 오래된 기록은 은허에서 출토된

갑골문이다. 그런데 갑골문에 기록된 간지의 날짜는 임현수의 연구에 따르면 "밤을 포함한 하루 전체를 가리켰던 것이 아니라, 해가 떠서 우주를 지배하는 동안만을 지칭하였을 가능성"[1]도 있으므로 오늘날의 일진과 동일한 의미 체계가 아닐 수도 있다.

태양은 본래 열 개가 있었다는 십일신화(十日神話)에 따라 열 개의 천간은 열 개의 태양을 가리키는 명칭이었으며 갑일(甲日) 은 갑의 태양이 뜨는 날이고 을일(乙日)은 을의 태양이 뜨는 날 이었다는 설도 있다.

십일신화는 중국 고대 신화로서 《장자》 〈제물론〉에서 처음 언급되며 《회남자》 〈본경훈〉에는 요 임금 시대에 열 개의 태양 이 동시에 떠서 곡식과 초목이 모두 말라 죽자 신하를 시켜 활로 쏘게 했다는 기록이 있다.

그렇게 신화의 영역으로 소급된다는 것은 일진이 처음에 어 떻게 시작되어 오늘날까지 계속되고 있는지 그 기원과 원리를 알 수 없다는 말이다.

문제는 일진, 즉 사주의 일주(日柱)가 어떤 근거로 '나'의 삶 과 관련되느냐는 것이다. 비록 세성의 주기 계산에 오차가 있었 고 세성기년법과 태세기년법을 폐지한 후로는 천체 운동을 아 예 고려하지 않았지만, 연주(年柱)에는 천문을 인문으로 나타내 려던 고대 중국인들의 노력의 역사가 있다.

---

1 임현수, 《商代 時間觀의 종교적 함의: 甲骨文에 나타난 紀時法과 祖上系譜 및 五種祭祀를 중심으로》, 서울대학교 대학원 종교학과 박사 논문 (2002년 8월), 16쪽.

그리고 월주(月柱)는 월지(月支)가 계절을 나타내므로 우주의 기운과 조금이라도 닿아 있다는 주장이 가능하겠다. 마찬가지로 시주(時柱)는 시지(時支)가 하루의 시간을 나타내므로 우주의 기운과 조금이라도 닿아 있다는 주장을 할 수 있겠다. 그런데 일주(日柱)는 어떠한가? 갑일에 태어난 사람은 십일신화에 따라 열 개의 태양 중에서 갑의 태양 기운을 받았는가?

　연주(年柱) 중심의 고법 사주명리학과 구별하여 신법 사주명리학이라고 부르는 일간(日干) 중심의 사주 이론을 창안한 사람은 송나라 때 서자평이다. 그래서 신법 사주명리학을 자평명리학이라고도 부른다.

　그런데 일간, 즉 일주(日柱)의 천간은 우주의 어떤 기운을 담고 있기에 사주 여덟 글자의 중심이 된 것일까? 서자평이 그렇게 정하면 그냥 그렇게 되는 것일까? 서자평은 우주의 기운이 송나라 때 일간 중심으로 바뀐 것을 홀연 깨달았을까?

　우주를 강조하는 고미숙은 도대체 어떤 우주적 근거로 일간이 "존재의 축"[2]이라고 주장하는 것일까? 고미숙은 "일간은 나와 우주, 생명과 자연 사이에 존재했던, 하지만 그동안 잃어버리고 있었던 대칭성을 회복시켜 주는 기제 (중략) 생리적 기전과 심리적 회로, 존재의 속성과 양태 (중략) 사회적 배치를 넘어 우주적 인연"[3] 등 장광설을 늘어놓는다. 그러나 일간이 우주의 어떤 기운과 어떤 원리로 결부되어 존재의 축이 되는지에 대해

2　고미숙,《나의 운명 사용설명서》. 북드라망 2014, 71쪽.
3　위의 책 78쪽.

서는 아무 말도 하지 않는다.

서자평의 이론을 계승한 서대승의 저술인《자평삼명통변연원》과《연해자평》을 비롯하여 이후의 모든 신법 사주명리학 고전에는 일간을 중심으로 한 이론이 전개되어 있다. 그러나 어느 문헌에도 근거는 제시되어 있지 않다. 일간은 그렇게 아무런 근거도 없이 신법 사주명리학의 중심이 되어 사주 여덟 글자에서 '나'를 가리키게 되었다.

오늘날 어떤 이들은 개인의 능력을 강조하면서 일간 중심 해석의 사회적 의미를 설명하지만, 그러한 설명은 일간이 사주의 중심이 된 연후의 의미 부여일 뿐이다. 일간이 사주의 중심이 되어야 하는 근거에 대한 설명은 아니다. 사주가 태어날 때 받은 우주의 기운을 나타낸다는 사주명리학의 전제를 충족하는 설명이 아닌 것이다.

그런데 일간에는 '나'로 해석될 만한 음양오행의 이치가 담겨 있는 것일까? 전혀 그렇지 않다. 일간은 음양오행의 의미를 가질 수 없다. 일간뿐 아니라 일지도 마찬가지다. 일간과 일지, 즉 일주(日柱)는 음양오행과 결부될 근거가 아예 없다.

예를 들면, 일주 을축(乙丑)의 일간 을(乙)을 목의 음으로 해석할 근거가 없고, 일지 축(丑)도 토의 음으로 해석할 근거가 없다. 사주명리학의 토대가 되는 음양오행론과 간지론에 따르면 간지는 변화하는 자연의 기운, 즉 계절의 흐름에 따라 오행과 결부되었고 오행의 운동 양태에 따라 음양과 결부되었는데, 일주는 계절과 무관하기 때문이다.

그러므로 일주를 음양오행으로 해석하는 것은 음양오행론과 간지론에 부합되지 않는 논리적 오류다. 오류가 아니라면, 자연의 변화와 우주의 기운을 나타낸다고 그토록 강조하는 음양오행이 일주에서 어떤 원리로 인식되는지 밝혀야 한다.

일주 을축(乙丑)의 경우 봄의 기운과 아무 관련이 없는 일간 을(乙)이 왜 오행의 목으로 해석되며, 환절기와 아무 관련이 없는 일지 축(丑)이 왜 오행의 토로 해석된다는 말인가? 을축이 자연의 어떤 기운이란 말인가? 그리고 왜 음이란 말인가? 어떤 자연적 우주적 근거로 일간이 '나'란 말인가?

을축(乙丑)일에 태어난 사람이 을(乙)의 속성을 갖고, 병인(丙寅)일에 태어난 사람이 병(丙)의 속성을 갖는다고 말할 수 있는 근거는 아무것도 없다. '나'의 속성은 일간과 아무런 관련이 없다. 태어난 날의 요일이 '나'의 속성과 아무런 관련이 없는 것과 마찬가지다.

시대마다 달력 달랐는데,
어떤 간지가 '참'인가

사주를 보기 위해서는 태어난 연월일시를 알아야 한다. 사주 명리학은 태어날 때 우주의 기운을 받는다는 것을 전제로 성립되므로 태어난 연월일시를 정확하게 아는 것은 매우 중요하다. 그러면 연월일시는 어떻게 정해지는 것일까?

연월일시는 역법(曆法)에 따라 정해진다. 역법은 천문 현상을 관측하여 그 주기를 기준으로 때를 정하는 방법이다. 역법에 따라 산출된 결과를 책으로 엮은 것을 책력(冊曆) 또는 역서(曆書)라고 한다. 역서의 내용을 간추려 일상생활에 필요한 사항을 수록한 것이 달력이다. 그러므로 달력은 역법의 실용적 결과물이라고 할 수 있으며 역법의 명칭이 그대로 달력의 명칭일 수도 있다.

역법은 세 가지로 분류할 수 있다. 첫째는 우리가 양력이라고 부르는 태양력이다. 태양력은 해의 주기를 기준으로 삼는다. 둘째는 달의 주기를 기준으로 삼는 태음력이다. 셋째는 달과 해의 주기를 모두 반영하는 태음태양력이다. 우리가 음력이라고 부르는 것은 태음태양력이다.

현재 우리나라를 비롯하여 세계에서 가장 보편적으로 사용되는 달력인 그레고리력은 태양력이다. 태음력은 주로 이슬람 국가에서 사용된다. 태음태양력은 우리나라와 중국 등지에서 태양력과 함께 사용되며 19년에 7회 윤달을 두어 해와 달의 운행을 동시에 고려한다.

공달이라고도 부르는 윤달을 두는 이유는 태양년과 태음년의 시간 차이를 보정하여 계절을 맞추기 위함이다. 태양년과 태음년의 시간 차이가 1년에 약 11일이므로 윤달이 없다면 대략 16년마다 계절이 정반대로 바뀌어 음력 1월이 한여름이 된다.

태양이 천구를 일주하는 데 걸리는 시간은 약 365.2422일이다. 이 시간을 1태양년 또는 1회귀년이라고 한다. 달이 보름달이 되는 때를 망(望), 달이 보이지 않게 되는 때를 삭(朔)이라고 한다. 삭은 달이 해와 지구 사이에 위치하여 뒷면이 햇빛을 받게 되므로 지구에서 달의 앞면을 볼 수 없는 매달 음력 초하룻날이다. 일식 현상도 이때 발생하는데, 달의 공전 궤도가 지구의 공전 궤도보다 약 5도 기울어져 있어서 일식이 매달 발생하지는 않는다.

망 또는 삭이 되풀이되는 주기의 시간을 태음월 또는 삭망월(朔望月)이라고 한다. 1삭망월은 약 29.5306일이다. 태음력의 기본이 되는 단위이다. 1삭망월이 12회 반복된 것이 1태음년이며 약 354.3671일이다. 1년이 12개월로 되어 있는 이유는 1태양년 속에 대략 12회의 삭망월이 들어가기 때문이다.

고대 로마의 1년은 10개월로 304일이었다. 이 숫자는 달의 운행으로도 해의 운행으로도 설명되지 않는다. 태음력도 아니고 태양력도 아닌 것이었다. 그것을 개정하여 1년을 12개월로 만든 사람은 로마 왕국의 전설적인 건국자이자 초대 왕인 로물루스의 뒤를 이은 제2대 왕 누마 폼필리우스였다. 그 달력을 누마력이라고 하는데 누마력은 1년 355일의 태음력이었다.

태양력으로의 전환은 율리우스 카이사르가 이집트를 정복하면서 알게 된 이집트의 태양력에 기초를 둔다. 로마의 모든 권력을 장악한 율리우스 카이사르는 칙령을 반포하여 기원전 45년 1월 1일을 율리우스력의 기원으로 삼았다. 최초의 현대식 태양력인 율리우스력은 로마의 군사력을 등에 업고 지중해 연안을 넘어 널리 보급되었다.

율리우스력은 교황 그레고리 13세에 의해 그레고리력으로 개력되었다. 1582년 10월 4일 교황 그레고리 13세는 기존 율리우스력의 오차를 조정하기 위해 달력상의 날짜 열흘을 삭제했다. 그래서 율리우스력 10월 4일의 다음 날은 그레고리력 10월 15일이 되었다. 그리고 4년마다 있던 윤년 체계를 개정하여 400년 동안 윤년이 97회가 되도록 만들었다. 현재에도 유효한 그레고리력의 윤년 규칙은 다음과 같다.

1. 연도가 4의 배수가 아니면, 평년으로 2월은 28일까지만 있다.
2. 연도가 4의 배수이면서 100의 배수가 아니면, 윤년으로 윤일 (2월 29일)을 도입한다.
3. 연도가 100의 배수이면서 400의 배수가 아니면, 평년으로 2월은 28일까지만 있다.
4. 연도가 400의 배수이면, 윤년으로 윤일(2월 29일)을 도입한다.

그레고리력은 달력의 역사에서 엄청난 진전을 의미한다. 이전의 율리우스력은 128년마다 하루의 오차가 발생했지만 그레고리력은 4,700년마다 하루의 오차가 발생한다. 그러한 정확성에도 불구하고 그레고리력이 세계에 전파되는 데는 수 세기가 걸렸다. 가톨릭 국가에서는 쉽게 수용되었지만 다른 나라에서는 그렇게 순탄하지 않았다.

프랑스에서는 1582년 12월 20일, 네덜란드에서는 1583년 1월 1일, 오스트리아에서는 1584년 1월 17일을 기점으로 그레고리력이 채택되었다. 개신교의 교세가 강하던 독일은 오랜 진통 끝에 1700년 2월 18일의 다음 날이 3월 1일이 되는 것으로 합의되었지만 완전히 받아들여진 것은 1775년에 이르러서였다. 영국에서는 1752년 9월 14일, 스웨덴에서는 1753년 3월 1일, 일본에서는 1873년 1월 1일을 기점으로 그레고리력이 시행되었다.

로마 가톨릭과 대립 관계에 있던 동방 정교 국가들은 그레고리력을 더욱 늦게 채택했다. 예를 들면 러시아는 혁명 직후인 1918년 1월 31일 이전에 사용하던 율리우스력을 버리고 그레고리력을 채택하여 그다음 날이 2월 14일이 되었다. 시간이 흘러 오차가 더 커졌기 때문에 달력에서 삭제한 날짜 수가 그레고리력 제정 당시의 10일보다 더 많은 13일이 된 것이다.

이로써 알 수 있는 것은, 당연하지만, 달력의 날짜를 인간이 정한다는 사실이다. 물론 천문 현상을 기준으로 한다. 그러나 날짜를 넣거나 빼거나 하여 달력을 만드는 일은 인간이 한다. 최초의 현대식 태양력인 율리우스력이 기원전 45년에 로마에서 시작되어 1582년에 그레고리력으로 개력된 역사적 경위는 중국의 역법 변천에 비하면 매우 단순하다.

중국에서는 고대로부터 해의 주기와 달의 주기를 모두 중시하는 태음태양력을 사용했다. 그래서 해의 공전 기점인 동지와 달의 공전 기점인 초하루가 같은 날이 되는 삭단 동지는 시간의 순환이 새롭게 시작되는 매우 의미 있는 날이었다. 삭단 동지의 절입 시각이 하루의 기점인 야반이 되는 날을 '야반 삭단 동지'라고 한다. 야반은 자시를 의미하고 삭단은 초하루를 의미한다.

특히 야반 삭단 동지일의 간지가 갑자인 날, 즉 갑자 야반 삭단 동지일은 육십갑자의 시작인 갑자, 하루의 시작인 야반, 달의 삭망 기점인 삭단, 그리고 해의 주천(周天) 기점인 동지가 모두 동시에 구현된 날이다.

김일권의 《동양 천문사상, 하늘의 역사》에 따르면, 중국 최초의 국가 반포력인 태초력의 개력 시점이 바로 한나라 무제 태초 원년인 기원전 104년 11월 갑자 야반 삭단 동지일이며 역법적 관점에서 동양의 시간 질서는 그때 정립되었고 그 셈법이 지금까지 이어지고 있다고 한다.

태초력은 전한 성제 수화 2년(기원전 7년)에 유흠이 수정하여 삼통력으로 개명되었다. 삼통력은 후한 장제 원화 2년(기원후 85년)에 사분력으로 개력되기까지 쓰였다.

사분력은 한나라가 망할 때까지 공식적으로 계속 사용되었고 이후 삼국시대 촉과 위에서도 사용되었다. 오에서는 후한 헌제 건안 11년(서기 206년)에 유홍이 만든 건상력이 공식적으로 채택되었다.

건상력은 한 달의 길이를 29.53054일로, 1년의 길이를 365.24618일로 계산했는데 그것은 사분력보다 더 정확한 값이다. 건상력 이후로도 남북조 시대 송나라의 대명력, 당나라의 선명력, 원나라의 수시력, 명나라의 대통력, 청나라의 시헌력 등 수많은 역법이 존재했다.

청나라 이후 중국은 손문이 신해혁명을 통해 중화민국을 세운 1912년 1월 1일 양력인 그레고리력을 도입했다. 그러나 일반인들은 여전히 음력인 시헌력을 사용했으며 중국에서 그레고리력이 공식화된 것은 1949년인데 전 세계에서 가장 늦게 받아들인 것이었다.

동아시아 국가들은 중국의 역법을 따랐다. 우리나라에서도 중국 역법이 사용된 것은 삼국시대부터였으며 특히 통일신라 때 도입한 당나라의 선명력은 고려 충선왕 때 원나라의 수시력으로 바꿀 때까지 무려 500년 가까이 사용되었다.

조선의 개국 초에는 고려 말에 들어온 원나라의 수시력, 그 전부터 사용되었던 당나라의 선명력, 그리고 고려 말에 다시 명나라에서 들어온 대통력까지 혼용되어 혼란한 상황이었다.

그러한 때에 중국과 차이가 있는 조선의 시간을 제대로 나타내고자 만들어진 우리나라 최초의 역서가 세종 26년(1444년)에 간행된 칠정산내편(七政算內篇)이다. 칠정은 해와 달 그리고 목성, 화성, 토성, 금성, 수성 등을 가리킨다.

칠정산내편은 원의 수시력과 명의 대통력을 기초로 삼아 조선의 시간에 맞게 엮은 것이다. 이어서 편찬된 칠정산외편(七政算外篇)은 이슬람의 회회력을 기초로 한 것이다. 회회력은 태음력이다.

그러나 당시 동아시아에서 역서의 반포는 중국 황제 고유의 권한이었다. 역서가 하늘의 이치와 때를 알려주는 천문에서 비롯된 것이고 천문은 바로 하늘의 아들인 천자, 즉 황제만이 전유하고 통제할 수 있다고 믿었기 때문이다.

따라서 조선이 독자적인 역법을 사용한다는 사실을 명나라가 알면 외교적 문제가 발생할 수도 있었으므로 조선의 공식적인 역법은 대통력이었다. 칠정산(七政算)이 칠정력(七政曆)으로 명명되지 못한 이유도 외교적 마찰을 우려했기 때문이라는 견해가 다수이다.[1]

《선조실록》에는 선조가 임진왜란의 와중에 명나라 군대가 조선이 자체 제작한 역서를 알게 될까 두려워 "제후 나라에 어찌

---

[1] 김영식, 〈조선 후기 역(曆) 계산과 역서(曆書) 간행 작업의 목표〉. 실린 곳:《한국과학사학회지》. 제39권 제3호, 2017, 405~434쪽.

두 가지 역서가 있을 수 있겠는가? 우리나라에서 개별적으로 역서를 만드는 것은 매우 떳떳하지 못한 일이다. 중국 조정에서 알고 힐문하여 죄를 가한다면 답변할 말이 없을 것이다."[2]라면서 자체적인 역서 제작을 금지했다는 기록도 있다. 어쨌든 조선의 공식 역법인 대통력은 효종 때인 1653년 청나라의 시헌력으로 개력될 때까지 통용되었다.

이후 조선은 을미개혁의 일환으로 고종의 조칙에 따라 그레고리력을 도입하여 시헌력에 따른 음력 1895년 11월 16일의 다음 날을 그레고리력에 따른 양력 1896년 1월 1일로 선포하면서 역법을 개정했다. 따라서 음력을 사용했던 1895년의《고종실록》은 11월 16일이 끝이며 우리나라에 1896년 1월 1일 이전의 양력 날짜는 존재하지 않는다. 그레고리력은 현재까지 우리나라 공식 달력으로 쓰이고 있다.

그렇지만 시헌력에 따른 음력도 "천문역법을 통하여 계산되는 날짜는 양력인 그레고리력을 기준으로 하되, 음력을 병행하여 사용할 수 있다"라고 규정되어 있는 현행 천문법 제5조 제1항에 따라 합법적으로 계속 쓰이고 있다.

그런데 역법이 바뀌면서 역법에 따라 만들어지는 역서가 바뀔 때 간지는 어떻게 되는 것일까? 간지를 사용하지 않는 서양은 차치하고, 중국의 경우 최초의 국가 반포력인 한나라 무제 때의 태초력 이후로 청나라의 시헌력에 이르기까지 수많은 역법

2 재인용, 정성희,《조선시대 우주관과 역법의 이해》. 지식산업사 2005, 114쪽.

이 존재했었다. 그러면 연월일시를 나타내는 간지는 그때마다 육십갑자에 따라 정확하게 이어졌을까?

동시에 여러 역서가 있을 때는 어떤 역서에 따라 사주 명식을 작성했을까? 이를테면 원나라의 수시력, 당나라의 선명력, 그리고 명나라의 대통력까지 혼재되어 있던 조선의 개국 초에는 어떤 역서를 기준으로 사주 명식을 작성했을까?

1653년 시헌력을 도입한 이후에도 역법에 따른 날짜의 혼란이 한동안 계속되었다는 사실을《국조보감》현종조 기록을 통해서 확인할 수 있다. 다음은 현종 12년(1671년) 7월에 오늘날의 천문연구원에 해당하는 조선 시대의 관상감에서 임금에게 아뢰는 내용이다.

"왕세자 탄신일은 실제로 신축년(1661, 현종 2) 8월 15일인데 정미년(1667, 현종 8)에 대통력大統曆을 다시 쓰기 시작하면서 윤7월을 윤10월로 잘못 세웠습니다. 그 때문에 탄신일이 8월인 것을 9월로 잘못 일컫게 되었습니다. 작년 경술년(1670, 현종 11)부터 다시 시헌력時憲曆을 쓰게 되었으므로 그동안 잘못된 것을 비로소 바로잡았사오니 이제부터는 왕세자 탄신일을 8월로 고치소서."[1]

날짜가 다르면 당연히 그 날짜를 표기하는 간지도 다르다. 그

1 재인용, 김만태,《한국사주명리연구》. 민속원 2011, 165~166쪽.

러한 혼란이 조선에서만 있었을 리 만무하다. 이를테면 중국에서 역법이 바뀌던 과도기 또는 촉과 위에서 사분력이 사용되고 오에서 건상력이 사용되었을 때는 촉이나 위에서 태어난 사람과 오에서 태어난 사람은 같은 날 태어났어도 연월일시의 간지가 서로 달랐을 것이다.

일찍이 다산 정약용은, 역법이 다르기 때문에 연월일시도 지역과 시대에 따라 다른데 그것을 간지로 표기해 놓고 운명을 추정하는 것은 이치에 맞지 않는 허망한 일이라며 세상의 군자들에게 세 번 생각해 보라고 했다.《여유당전서》〈갑을론〉에 그러한 내용이 기록되어 있다.[2]

역법의 변천사를 살펴보면 역법이 가변적이라는 사실을 바로 알 수 있다. 사주의 육십갑자 간지가 태어날 때 우주의 기운을 나타낸다는 전제를 '참'이라고 가정하더라도, 연월일시를 결정하는 역법의 가변성 문제가 남아 있는 것이다.

의문이 생긴다. 어떤 역법에 따른 간지가 진정한 우주의 기운을 나타내는 것일까? 우주의 기운은 사람이 만드는 역법에 따라 달라진다는 말인가? 그렇다면 사주를 믿는다는 말은 역법을 만든 사람을 믿는다는 뜻이 된다. 정약용이 설파했듯이 허망한 일이 아닐 수 없다.

---

2 또 정약용은 과거 시험의 잡과에 속해 있는 풍수와 사주를 폐지해야 한다고 《경세유표》에서 주장했다.《여유당전서》와《경세유표》는 한국고전종합DB 사이트(https://db.itkc.or.kr)에서 찾아볼 수 있다.

24절기의 과학성 & 사주가
과학이라는 주장

사주명리학에서는 절기를 중시하여, 12지지가 나타내는 각
월은 12절기에 시작한다. 이를테면 인(寅)월은 입춘에서 시작하
고 묘(卯)월은 경칩에서 시작한다. 그런데 인월의 중간쯤에 우
수가 있다. 각 월의 중간에 있는 절기를 중기라고 한다. 흔히 말
하는 24절기는 12절기와 12중기를 총칭하는 표현이다. 사계절
과 12지지, 24절기를 표로 나타내면 오른쪽과 같다.

24절기의 일시를 정하는 방법에는 두 가지가 있다. 평기법(平
氣法)과 정기법(定氣法)이다. 평기법은 1년의 시간을 24등분하
여 나뉘는 지점의 시각을 절입 시각으로 정하는 방법이다. 그러
므로 평기법에서는 24절기의 간격이 일정하다.

우리가 흔히 1년이라고 말하는 것은 태양이 춘분점에서 출
발하여 다시 춘분점에 오는 시간을 뜻하는 1태양년을 가리키며

계절	지지	24절기	
		절기 - 중기	
봄	인(寅)	입춘 - 우수	
	묘(卯)	경칩 - 춘분	
	진(辰)	청명 - 곡우	
여름	사(巳)	입하 - 소만	
	오(午)	망종 - 하지	
	미(未)	소서 - 대서	
가을	신(申)	입추 - 처서	
	유(酉)	백로 - 추분	
	술(戌)	한로 - 상강	
겨울	해(亥)	입동 - 소설	
	자(子)	대설 - 동지	
	축(丑)	소한 - 대한	

그 길이는 평균적으로 365.2422일(365일 5시간 48분 46초)이다. 이것을 24로 나누면 약 15.22일이다. 그러므로 평기법에서 24절기의 간격은 약 15.22일이 된다.

그렇지만 1년의 시간, 즉 태양이 황도를 따라 천구를 일주하는 데 걸리는 시간이 항상 일정한 것이 아니라 미세하게 달라지므로 평기법에서도 24절기의 간격이 엄밀하게 일정한 것은 아니다.

한편 정기법은 황도를 따라 15도씩 나누고 태양이 그 나뉜 지점에 이르는 시각을 절입 시각으로 삼는 방법이다. 태양이 춘분점에 있을 때를 황경 0도로 삼고 청명 15도, 곡우 30도, 입하 45도, 소만 60도, 망종 75도, 하지 90도 등의 방식으로 그 위치에 태양이 도달한 때를 24절기의 절입 시각으로 삼는 것이다.

이때 태양의 운행 속도가 일정하지 않아서 각 지점을 지나가는 시간 간격이 다르기 때문에 24절기의 간격도 일정하지 않고 14~16일이 된다. 그렇지만 정기법은 태양의 실제 위치를 기준으로 삼기 때문에 평기법보다 더 정확하게 계절을 반영한다고 말할 수 있다.

오늘날은 정기법을 사용한다. 정기법은 청나라의 시헌력에서 처음 사용되기 시작했으며 우리나라에서는 조선 효종 때인 1653년에 시헌력을 받아들였다.

평기법에서 정기법으로 바뀌었다는 것은, 사주명리학에서 한 해의 시작으로 삼는 입춘을 비롯하여 각 절기의 절입 시각에 변동이 생겼다는 뜻이다. 즉 사주 명식을 작성할 때 각 절기에 근접한 시각에 출생한 사람의 경우 연주 또는 월주가 바뀔 수 있다.

예를 들면 2023년 입춘의 절입 시각은 정기법에 따르면 2월 4일 오전 11시 43분이지만, 평기법에 따르면 2월 5일 오후 10시 31분이다.[1] 그러므로 그 사이에 태어난 사람의 사주는 정기법을 적용하는가, 평기법을 적용하는가에 따라 연주와 월주가 모두

---

1 인터넷 역학 사이트(http://www.lifesci.net) 천문계산 자료에 의거함.

바뀐다.

즉 2023년 2월 4일 오후 11시에 태어난 사람 사주의 연주와 월주는 정기법에 따르면 계묘년 갑인월이 되지만, 평기법에 따르면 2월 4일 오후 11시는 아직 입춘이 지나지 않았으므로 연주는 임인년이 되고 월주는 계축월이 된다.

그렇다면 정기법이 평기법보다 더 정확하게 계절을 반영하므로, 정기법에 따른 절입 시각을 기준으로 작성된 사주가 더 정확하게 우주의 기운을 반영하는 것일까? 아니면, 사주명리학은 평기법이 사용되던 당송시대에 성립되었으므로 평기법에 따르는 것이 더 정확할까? 그런 질문은 사주가 우주의 기운을 반영한다는 전제가 증명되지 않았으므로 무의미하다.

그리고 정기법과 평기법의 정확성 문제는 과학의 영역에 속하지만, 사주의 정확성 문제는 과학의 영역에 속하지 않는다. 정기법은 평기법보다 정확하지만, 정기법을 기준으로 작성된 사주가 더 정확한가 하는 것은 다른 문제다. 카드 그림을 정교하게 그린다고 해서 타로의 정확성이 높아지는 것은 아니다.

사주명리학이 과학이라면, 사주가 우주의 기운을 반영한다는 전제가 증명되었다면, 그리고 사주 여덟 글자와 삶의 인과적 연관성이 증명되었다면, 그렇다면 정기법을 기준으로 작성된 사주가 더 정확할 것이다. 어떤 '과학' 개념을 갖고 있는지 모르겠지만 사주명리학이 과학이라고 주장하는 이들도 실제로 있다. 그러나 사주명리학은 과학이 아니다. 과학적 증거를 아무것도 제시하지 못하는 과학이 어디 있단 말인가?

경희대학교 물리학과 교수 김상욱은 자신의 저서《떨림과 울림》에서 다음과 같이 말한다. "과학은 물질적 증거에 입각하여 결론을 내리는 태도다. 증거가 없으면 결론을 보류하고 모른다고 해야 한다. (중략) 증거가 없는 것까지 모두 이론에서 설명하려고 하거나, 모르는 것을 알고 있다고 주장하는 것은 과학적이지 못하다."[1]

객관적으로 검증된 이론이 아무것도 없는데도 사주명리학이 지금까지 명맥을 유지하고 있는 것은 과학이 아니기 때문이다. 과학이라면,《과학 혁명의 구조》의 저자 토머스 쿤의 용어로 말하자면, 이미 붕괴되었어야 할 "패러다임"이다. 붕괴되고 새로운 패러다임이 제시되는 "과학 혁명"이 일어났어야 한다. 그런데 붕괴되지 않고 있는 것은 사주명리학이 과학이 아니고 사주명리학자가 과학자가 아니기 때문이다.

1 김상욱,《떨림과 울림》. 동아시아 2018, 269쪽.

한 해의 시작은 사람이 정하기 나름인데, 웬 우주?

　새해는 어느 달에 시작하는가? 당연히 1월에 시작하는가? 맞다. 1월에 시작한다. 그런데 1월은 아라비아 숫자로 순서를 표기한 것이다. 그러니까 문제는, 어느 달이 1월이냐는 것이다. 우리말에서는 각각의 달을 숫자로 나타내기 때문에 이 질문이 이상하게 들리지만, 달력의 역사를 살펴보면 1월은 정하기 나름이라는 것을 알 수 있다.

　고대 로마의 달력에서는, 오늘날의 3월인 March가 1년의 첫 달이었고 1년이 10개월이었다. 그때는 양력도 아니고 음력도 아닌 달력이었다. 그러다가 기원전 8세기에 로마의 제2대 국왕 누마 폼필리우스가 개력하면서 두 달을 추가하여 1년은 12개월이 되었는데 열한 번째 달이 오늘날의 1월인 January였고, 열두 번째 달이 오늘날의 2월인 February였다. 누마 폼필리우스가 개력한 달력을 누마력이라고 한다. 누마력은 태음력이었다.

누마력을 태양력으로 개력한 사람은 율리우스 카이사르였다. 그래서 율리우스력이라고 부른다. 율리우스 카이사르는 기원전 46년에 칙령을 공포하여 누마력의 열한 번째 달인 January 1일부터 율리우스력을 시행했다. 그래서 그때부터 January가 율리우스력의 첫 번째 달, 즉 1월이 된 것이다. 율리우스력은 교황 그레고리 13세에 의해 1582년에 그레고리력으로 개력되었지만 달의 순서에는 변함이 없었다.

이로써 알 수 있는 것은, 어느 달을 한 해의 시작으로 삼을 것인가의 문제는 정하기 나름이라는 사실이다. 사주명리학에서 이 문제가 중요한 것은, 사주 명식을 작성할 때 한 해의 시작을 어떻게 정하느냐에 따라 연주(年柱)가 바뀌기 때문이다.

한 해의 시작을 세수(歲首)라고 하는데, 전한의 역사가 사마천이 저술한 《사기》 〈역서〉에 따르면 하나라 때는 인(寅)월을 세수로 삼았고 은나라 때는 축(丑)월을 세수로 삼았으며 주나라 때는 자(子)월을 세수로 삼았다고 한다.

중국을 통일한 진나라 때는 해(亥)월이 세수였고, 한나라 무제가 반포한 중국 최초의 국가 반포력인 태초력에서는 전설의 하나라를 따라 인(寅)월을 세수로 삼았다. 그렇게 한 무제에 의해 인월 세수가 정해진 다음부터는 축월과 자월이 세수였던 한때를 제외하고는 2천여 년 동안 인월 세수가 유지되어 오늘에 이르고 있다. 그래서 현재 우리가 사용하는 음력, 즉 태음태양력에서도 한 해의 시작인 정월은 인월이다.

사주명리학이 인월을 세수로 삼아, 인월이 시작되는 입춘을 기준으로 사주의 연주를 결정하는 것은 그러한 전통에 따른 것이다.

그런데 입춘이 아니라 동지를 기준으로 사주의 연주를 결정해야 한다는 주장도 만만치 않다. 대표적인 예로《역법의 역사와 역리학의 바른 이해》저자인 이상엽을 꼽을 수 있다. 그는, 동지점은 육십갑자의 기원인 동시에 새해의 기점이라면서 동지를 기준으로 새해의 시작을 정하면 갑자년에 갑자월이 들어오지만 입춘을 새해의 기점으로 삼으면 갑자년에 갑자월이 들어오지 않음을 지적한다.

그리고 이상엽은 한 해의 시작을 인월 입춘으로 삼으려면 하루의 시작도 인시가 되어야 하는데, 입춘을 한 해의 시작으로 삼으면서 하루의 시작을 자시로 삼는 것은 오류라고 주장한다. 한 해의 시작과 하루의 시작은 같은 기준점이 되어야 한다는 것이다.

실제로 고대의 문헌에 따르면 인월을 세수로 삼았던 하나라 때는 인시가 하루의 시작이었으며, 축월을 세수로 삼았던 은나라 때는 축시가 하루의 시작이었고, 자월을 세수로 삼았던 주나라 때는 자시가 하루의 시작이었다.

이상엽이 근거 문헌의 하나로 제시하는 명나라 역학자 주재육이 저술한《율력융통》에도 한 해의 시작과 하루의 시작은 같은 기준점이어야 한다는 내용이 설명되어 있다. 그리고 인월을 세수로 삼으면서 자시를 하루의 시작으로 삼는 것은 비난을 받아 마땅하다고 쓰여 있다.

그러면 사주명리학의 고전에서는 이 문제를 어떻게 설명하고 있을까? 사주명리학의 초기 형태를 파악할 수 있는 중요한 역사적 자료인 당나라 때 저술《이허중명서》에는, 세수는 일양(一陽)이 생기는 자월이며 하루의 시작은 자시라고 명기되어 있다. 그리고 인월에는 땅의 기운이 시작되어 초목이 싹트고 사람은 인시에 잠자리에서 일어나 하루의 일과를 시작한다고 부연 설명되어 있다.

또 이상엽이 근거 문헌으로 제시하는 원나라 천문학자 조우흠이 저술한《혁상신서》에도《이허중명서》와 마찬가지로 일양(一陽)은 자(子)에서 시작하므로 동지가 한 해의 기준이고 자시가 하루의 기준이며 인사(人事), 즉 사람의 일은 인시에 시작하고 1년은 인월에 시작한다고 설명되어 있다.

그러한 문헌을 근거로 이상엽은, 인사(人事)의 시작인 인월을 기준으로 삼는 입춘은 농사의 시작을 의미하는 것이므로 사주명리학은 일양(一陽)이 생기는 자월 동지를 세수로 삼아야 한다고 주장한다. 그래야 하루의 시작으로 삼는 자시와도 상응하여 이치에 맞다는 것이다.

그러나 이상엽의 그러한 주장과 문제 제기에 대해, 한국역술인협회는 "학술위원 회의를 가진 결과 일부는 동지 기준을 인정했지만 대다수가 종래 방식인 입춘 기준을 고수하겠다고 응답했다"라는 기사가 2006년 12월 23일 동아일보에 실렸다. 입춘 세수의 오랜 관습을 따르겠다는 것이다.

그러면 역술인들은 어떤 논리로 입춘 세수를 고수하는 것일까? 많은 역술인들은 동지에는 생명체가 존재할 수 없고 입춘이 되어야 만물의 생명이 싹트기 때문에 입춘을 세수로 삼아야 한다고 주장한다. 이에 대해 이상엽은, 천체의 자전과 공전을 계산하는 역리학은 풀과 나무에 싹이 나는 것을 기준으로 세수를 정하는 것이 아니라며 입춘은 세수가 될 수 없다고 말한다.

한편 대만 명리학자 오준민도 자신의 저서 《명리신론》에서 연주는 동지를 기준으로 삼아야 하며 입춘을 기준으로 삼는 것은 오랜 세월 동안의 착오라는 주장을 펼친다. 세수를 해월, 자월, 축월, 인월 등으로 정하는 것은 일종의 행정상의 법령일 뿐 결코 태양과 지구의 운행을 바꿀 수는 없으므로 세수는 반드시 자월 동지여야 한다는 것이다.

중국 명리학자 육치극은 오준민의 《명리신론》을 높이 평가하지만, 동지 세수 주장에는 동의하지 않는다. 육치극은 '음양팔괘의 노선'과 '음양오행의 노선'이라는 표현을 사용하는데, 그에 따르면 음양팔괘의 노선은 주역에서 비롯되었고 사주명리학은 음양오행의 노선에서 비롯된 것이다.

육치극은 음양팔괘의 노선에서는 태양이 지구를 비추는 것에 따라 1년의 주기가 순환하므로 "동지에 하나의 양이 생겨난다"라는 말처럼 동지가 1년 순환 주기의 시작점이 될 수 있는 것으로 본다. 그러나 음양오행의 노선, 즉 사주명리학은 사계절의 순환을 중시하므로 입춘을 사계절 순환의 시작점으로 받아들이는 것이 필연적이라고 강조한다. 동지 세수는 주역에서 유래한 음양팔괘의 노선이므로, 동지를 세수로 삼는 것은 사주명리학의 "근본적인 출발점에 위배된다"[1]는 것이다.

음양오행을 말하고 있으나 사실 육치극의 견해는 사계절과 결부되는 오행에 더 큰 비중을 두는 것이다. 비슷한 맥락에서 김만태도 "생장화수장(生長化收藏)의 이치에 따라 봄이 천시(天時)가 드러나는 계절의 맨 앞에 놓이게 되었고, 입춘이 속해 있는 인월(寅月)을 한 해의 기점인 세수로 삼게 되었던 것"[2]이므로 인월 세수를 "천도와 자연의 운행에 어긋난다고 볼 수는 없으며, 오히려 천시의 발현과도 합당하다"[3]라는 견해를 보인다.

이쯤에서 논의를 요약하면, 동지 세수 주장은 일양(一陽)이 자(子)에서 시작하므로 자월 동지가 한 해의 시작이 되어야 한다는 것이고, 입춘 세수 주장은 인사(人事)가 인(寅)에서 시작하므로 인월 입춘이 한 해의 시작이 되어야 한다는 것이다.

결국 음양을 중시하여 동지를 세수로 삼을 것인가, 오행을 중시하여 계절의 기운에 따라 입춘을 세수로 삼을 것인가의 문제로 귀결된다. 이 문제를 육치극은 주역과 사주명리학의 차이에서 비롯된 것으로 파악하면서 주역에서는 동지 세수 관점이 당연하지만 사주명리학에서는 입춘 세수가 필연적이라고 주장하는 것이다.

양쪽의 논리가 탄탄하다. 그러므로 세수 문제는 각자의 선택

1 육치극 지음, 김연재 옮김, 《명리학의 이해 II》. 사회평론 2018, 300쪽.
2 김만태, 〈간지기년(干支紀年)의 형성과정과 세수(歲首)·역원(曆元) 문제〉. 실린 곳: 《정신문화연구》 제38권 제3호 (2015년 가을호) 53~80쪽, 인용 69쪽.
3 위와 같은 곳.

사항이 아닌가 싶다. 개인적으로는, 음의 기운이 극에 이르러 양의 기운이 생겨나는 지점을 해가 바뀌는 기준점으로 삼아야 한다는 동지 세수 주장에 공감과 매력을 느낀다.

그러나 사주 명식을 작성할 때는 입춘을 세수로 삼겠다. 두 가지 이유가 있다. 첫 번째 이유는, 사주명리학의 출발점은 '음양 팔괘의 노선'이 아니라 '음양오행의 노선'이라는 육치극의 견해에 동의하기 때문이다. 두 번째 이유는, 사주명리학은 공리에서 출발하여 명제의 증명을 통해 엄밀하게 성립되고 발전된 학문이 아니라 대부분 상상과 주장으로 이루어진 관념의 체계이므로 의견이 갈릴 때는 다수를 따르는 것이 더 낫다고 생각하기 때문이다.

사족을 붙이자면, 달력이 1월에 시작한다고 해서 학교도 꼭 1월에 신학기가 시작되어야 하는 것은 아니다. 우리나라 학교는 3월에, 중국 학교는 9월에, 독일 학교는 10월에 신학기가 시작된다. 동지에 음이 극에 달하고 양이 생겨나지만, 사주명리학에서는 입춘을 한 해의 시작으로 삼겠다는데 뭐가 문제인가?

문제는, 한 해의 시작을 어느 지점으로 삼느냐에 따라 동지와 입춘 사이에 태어난 사람들 사주의 연주(年柱)가 바뀐다는 것이다. 연주는 흔히 조상이나 부모의 의미로 해석되므로 세수 선택에 따라 조상이나 부모가 바뀐다는 뜻이다. 그리고 연주가 바뀌면 연주에 종속되어 있는 월주(月柱)도 바뀐다. 사주 명식 자체가 크게 달라진다는 말이다.

그렇듯이 사람이 정하기에 따라 달라질 수 있는 사주가 태어날 때 받은 우주의 기운을 나타내는 것이라고, 자신의 운명을 나타내는 것이라고 믿어도 되는 것일까? 모든 믿음은 무지에서 배양된다. 사주를 철석같이 믿는 이들은 사주가 사람이 정하기에 따라 달라질 수 있다는 사실을 모르기 때문에 믿을 것이다. 알면서도 믿는다면, 그들에게 묻고 싶다. '누구'를 또는 '무엇'을 믿는가?

서로 다른 하루의 시작 시간,
그럼 일주는?

한 해의 시작이 동지인지 입춘인지에 대해서는 논란이 있으나, 하루의 시작이 자시(子時)라는 데는 별다른 이견이 없는 것 같다. 자시는 오후 11시부터 다음 날 오전 1시까지를 가리킨다.

문제는 날짜가 바뀌는 시점이 자초(子初)인가 자정(子正)인가 하는 것이다. 자초는 자시의 전반인 오후 11시부터 밤 12시까지이고, 자정은 자시의 후반인 밤 12시부터 오전 1시까지다. 자시 논의에서는 자초의 자시를 야자시(夜子時), 자정의 자시를 조자시(朝子時)라고 부른다.

야자시/조자시 구분을 인정하지 않고 하루의 시작은 자초, 즉 오후 11시라고 주장하는 이들의 근거는, 한 시진을 초와 정으로 구분한 것은 서양의 영향을 받아서 하루를 24시간으로 나누면서 생긴 풍습이므로 전통적인 역법 체계에 맞지 않다는 것이다.

그런데 과연 그러한가? 이 문제에 대한 가장 많은 문헌이 수록된 책은 신창용의 《자평학 강의》일 것이다.

신창용이 조사한 문헌 자료에 따르면, 당나라 역사서인 《신당서》 그리고 당과 오대(五代)의 문장을 모아 편찬한 《전당문》에는 당대의 이순풍이 태음태양력인 인덕력을 만들어 황제에게 바치면서 "고력분일(古曆分日) 기어자반(起於子半)"이라고 아뢰었다는 구절이 있다. '고대의 역법에서 하루를 나누는 것은 자반에서 시작했다'라는 의미이다. 이로써 당나라 이전의 고대에도 이미 하루는 자반(子半), 즉 자시의 반인 자정에 시작되었다는 사실을 알 수 있다.

또 남송 때 주자가 제자들과 나눈 문답 기록인 《주자어류》에도 자정의 4각은 오늘에 속하고 자초의 4각은 어제에 속한다는 내용이 실려 있는 것으로 보아 당시에도 한 시진은 초와 정으로 구분되어 있었으며 날짜는 자정에 바뀌었다는 사실을 알 수 있다.

원나라 천문학자 조우흠이 저술한 《혁상신서》에도 "야반 이후는 다음 날에 속하며 경계는 자시의 한가운데"라는 구절, 그리고 "자시의 전반은 야반 전이며 어제에 속하고, 후반은 야반 후이며 오늘에 속한다"라는 구절이 있다.

명나라 때 만민영의 《삼명통회》에도 자시의 상반시는 야반전이므로 전날에 속하고 하반시는 야반후 오늘에 속하는 것이라고 설명되어 있다. 그리고 자월의 중기(中氣)인 동지가 일양(一陽)이 시작되는 천도(天道)의 초(初)가 되는 것과 같은 경우라고 부연 설명되어 있다. 자월은 대설에 시작되지만 대설이 아니라 동지가 천도의 초가 되는 것처럼 자시도 자초가 아니라 자정을 기준으로 날이 바뀐다는 의미이다.

신창용이 《자평학 강의》에서 제시한 이러한 문헌들로 보아, 한 시진을 초와 정으로 나누어 하루를 24시간으로 구분하는 것이 전통적인 역법 체계에 맞지 않다는 주장은 설득력이 없다.

한편 1969년에 초판이 나온 이석영의 《사주첩경》 제1권에는 "야자시(夜子時)라 함은 밤 11시에서 12시 사이의 시간을 말하는 것인데 정자시(正子時)와 구별하는 것이다"[1]라고 명기되어 있다. 그리고 이어서 사례에 대한 설명이 있다. 여기에서 정자시는 조자시와 같은 뜻이다. 이석영은 야자시와 조자시의 구분을 인정하여 자정을 기준으로 일주(日柱)를 결정했다는 사실을 알 수 있다.

그런데 1974년에 초판이 나온 박재완의 《명리요강》에는 "현사회에서 사용하는 오후 12시까지 금일 종시(終時)로 쓰고, 0시부터 명일 시시(始時)로 쓰는 것은 인위적인 것으로서 사주설에는 부당하다"[2]라고 명기되어 있다. 박재완은 야자시와 조자시의 구분을 인정하지 않고 자초를 기준으로 일주를 결정했던 것이다. 해방 후 우리나라 역술계의 쌍벽을 이루었던 이석영과 박재완이 자시 문제에서 의견이 달랐음을 알 수 있다.

그런데 재미있게도 박재완의 제자 류충엽이 쓴, 1997년에 초판이 나온 《제왕격 四柱 굵어죽는 八字》에는 "언젠가 대전의 박

1 이석영, 《사주첩경 권1》. 한국역학교육학원 2010, 28쪽.
2 박재완, 《명리요강》. 역문관 1974, 57쪽.

재완 선생님과 서울의 이석영 선생님께서 이 문제를 매듭짓기 위해서 역문관에 오신 일이 있었다. 두 분께서는 한참을 토의하신 결과, 이것이 오행의 순환원리에 어긋남과 고인(古人)의 문헌에서 찾아볼 수 없음을 지적하시고, 정통 명리학에서는 이를 수용하지 않기로 합의하셨다."[1]라고 기록되어 있다. 야자시를 수용하지 않기로 합의했다는 것이다.

박재완과 이석영이 역문관에서 그런 합의를 한 것이 언제인지 모르지만《사주첩경》초판이 나온 1969년 이후의 일인 것은 분명하다. 왜냐하면 류충엽이 역문관을 개업한 것은 1972년이기 때문이다. 류충엽의 기록이 정확한 사실이라면, 이석영은《사주첩경》에서는 야자시를 수용했었는데 나중에 박재완과 토의를 하는 과정에서 생각을 바꾸었다는 결론이 나온다.

그런데 자시 문제와 결부되어 또 하나의 문제가 있다. 오늘날 역술가들은 일반적으로 한 해의 시작은 입춘으로 삼으면서 하루의 시작은 자시로 삼는다. 그렇지만 12지지가 나타내는 1년의 12월은 1일의 12시와 대응되므로 한 해의 시작이 인월 입춘이면 인시를 하루의 시작으로 보아야 한다. 실제로 인월을 세수(歲首)로 삼았던 하나라 때는 인시가 하루의 시작이었다는 기록이 있다.

어떤 이들은 하늘에서의 기운 변화가 인간에게 영향을 끼치려면 시간이 필요하기 때문에, 즉 실제와 체감 사이의 시간 지연

---

1 류충엽,《제왕격 四柱 굶어죽는 八字》. 역문관 서우회 2000, 47쪽.

때문에 동지가 아닌 입춘이 새해의 시작이 되지만 지상에서는 시간차가 없어서 인시가 아닌 자시를 하루의 시작으로 삼는 것이라고 설명한다. 그런데 '시간의 지연' 개념을 도입하면 또 다른 문제들이 발생한다.

하늘의 일이 땅의 인간에게 도달하기까지 시간은 얼마나 걸리는가? 시간의 지연을 동지에만 적용할 수는 없는데 나머지 절기는 어떻게 할 것인가? 월주도 해당 절기의 절입 시각에 지연된 시간을 더하여 결정할 것인가? 자월은 천상에서 오고 자시는 지상에서 오는가? '시간의 지연' 개념은 지연된 시간의 계량과 적용 방법을 제시하지 않으면 학술적 논거로 삼을 수 없다.

어쨌든 세수 논쟁에서는 입춘이 대세인 것 같은데, 자시 논쟁에서는 야자시/조자시를 구분하여 자정을 하루의 시작으로 삼아야 한다는 의견과 야자시/조자시 구분을 하지 않고 자초를 하루의 시작으로 삼아야 한다는 의견이 서로 팽팽한 듯하다.

태양과 지구의 관계에 근거를 둔 논리적 사고로는 야자시/조자시를 구분하여 자정을 하루의 시작으로 삼는 것이 옳다고 생각한다. 앞서 예를 들었듯이 고대로부터의 문헌적 근거도 있다.

다만 명나라 때 역학자 주재육이 저술한 《율력융통》에 쓰여 있듯이, 한 해의 시작과 하루의 시작은 같은 기준점이어야 하는데 인월 입춘을 한 해의 시작으로 삼으면서 왜 인시가 아닌 자시를 하루의 시작으로 삼느냐고 비난한다면 개인적으로 딱히 할 말이 없다. 실제와 체감 사이의 시간차 때문이라고, 그런 막연한 소리를 할 수는 없으니 묵묵히 비난을 감수하는 수밖에.

그래도 뭔가 말을 해야 한다면, 옛날 이집트에서는 새벽 동틀 때가 하루의 시작이었고, 아테네 사람들은 해질 때를, 아라비아 사람들은 정오를 하루의 시작으로 삼았었다고, 현대 천문학에서도 1924년 말까지는 정오를 하루의 시작으로 삼았었다고, 그러니까 한 해의 시작이든 하루의 시작이든 정하기 나름 아니겠냐고, 논점에서 벗어난 궁색한 변명에 불과하지만 그렇게 말하는 수밖에.

그런데 정말 중요한 문제는 하루의 시작을 자초로 할 것인가, 자정으로 할 것인가, 즉 야자시/조자시 수용 여부에 따라 자초에 태어난 사람들 사주의 일주(日柱)가 바뀐다는 사실이다. 일주가 바뀌면 '나'를 뜻하는 일간이 바뀌어 사주 풀이 역시 크게 달라진다.

한 해의 시작과 마찬가지로, 하루의 시작을 언제로 정하느냐에 따라 달라질 수 있는 사주가 과연 '나'의 운명을 나타내는 것일까? 한 해의 시작과 하루의 시작을 정하는 사람이 '나'의 운명도 정하는 것일까? 사주를 철석같이 믿는 이들은 '누구'를 또는 '무엇'을 믿는 것일까?

부모 없이 태어나는 팔자가 있다고?

사주명리학에서 가족 관계를 살피는 도구로 사용되는 것은 십성(十星)이다. 문제는, 십성을 가족 관계에 적용하는 이론의 성립과 전개가 뒤죽박죽이라는 것이다. 결혼을 두 번이나 세 번 할 팔자 또는 결혼을 못 할 팔자, 자식이 없는 팔자 등의 고약한 소리는 도대체 무슨 근거가 있는 것일까? 지금부터 그런 헛소리의 배경을 살펴보겠다.

오행의 생극 관계를 부모와 자식 등 육친에 비유하여 의인화하는 것은 한나라 때 유안의 《회남자》, 동중서의 《춘추번로》, 경방의 《경씨역전》 등으로 거슬러 올라갈 만큼 오랜 기원을 갖고 있다. 그래서 십성을 육친(六親)이라고 부르기도 하지만 그것은 용어의 오용이다. 십성은 육친이 아니라 육친을 살피는 도구이다.

육친이 십성과 결부되어 가장 먼저 체계적으로 서술된 사주명리학의 고전은 송나라 때 서대승이 원저자로 알려진《연해자평》이다.《연해자평》〈육친총론〉에는 정인은 모친, 편인은 계모 또는 조부, 편재는 부친이자 모친의 남편이며 또 첩도 되는 것으로 설명되어 있다. 그리고 정재는 아내, 비견은 형제와 자매, 편관은 아들, 정관은 딸, 식신은 손자, 상관은 손녀이자 조모가 된다고 한다.

여자의 경우에는 정관은 남편, 편관은 남편이 아닌 남자, 식신은 아들, 상관은 딸이라고 설명되어 있다. 그런데 아들과 딸에 오류가 있다. 여자는 음이니, 음양이 같은 식신이 딸이고 음양이 다른 상관이 아들이 되어야 한다. 〈육친총론〉의 뒤에 나오는 〈논자식〉에는 여자의 경우 상관이 아들이고 식신이 딸이라고 이치에 맞게 설명되어 있다.

《연해자평》에 실려 있는 십성에 의한 가족 관계를 표로 나타내면 오른쪽과 같다.

표를 잘 보면 납득할 수 없는 것이 한두 가지가 아니다. 가장 황당한 것은, 편재가 부친인 동시에 첩이라는 사실이다. 여기에 어떤 이론적 근거가 있을까? 만일에 부친이 첩과 동일시되는 어떤 이론적 근거가 있다면, 그것은 과연 실제일 수 있을까? 도무지 동의하기 어려운 관계 설정이 아닐 수 없다.

당연히 《연해자평》의 육친론에 대해서는 여러 비판이 있다. 대표적인 비판자는 청나라 때 재상이었던 진소암이다. 그는 자신의 저서《명리약언》에서《연해자평》의 육친론을 조목조목 비판한다.

비견(比肩)	형제, 자매
겁재(劫財)	
식신(食神)	손자, 여자의 딸
상관(傷官)	손녀, 조모, 여자의 아들
편재(偏財)	부친, 첩
정재(正財)	처
편관(偏官)	아들, 남편이 아닌 남자
정관(正官)	딸, 남편
편인(偏印)	계모, 조부
정인(正印)	모친

몇 가지 예를 들면, 정인을 모친으로 삼는 것에 대해서 "사람은 부모가 함께 생하는데, 정인에 어머니만 속한다면 어찌 어머니가 홀로 생할 수 있을 것인가?"라고 묻는다.

편재가 부친이 되는 것에 대해서는 "재성은 내가 극하는 것인데 어찌 나를 생할 수 있을 것인가?"라고 물으면서 "재성은 처첩인데, 또한 아버지가 된다고 하면 이것은 시아버지와 며느리가 같은 것"이라고 비판한다.

또 관성이 자식이 되는 것에 대해서도 "관성은 나를 극하는데 어찌 나의 자식이 될 것인가?"라고 물으며 잘못되었다고 비판한다.

이어서 진소암은 "남자는 인성이 부모이고, 식상이 자식이며, 재성이 처다. 여자는 인성이 부모와 시부모이고, 식상이 자식이며, 관성이 남편이다."라고 간단하게 정리한다. 그리고 형제는 동류(同類)의 간지, 즉 비겁에 해당한다고 덧붙인다.

진소암과 비슷한 비판을 청나라 때 임철초의 저서《적천수천미》에서도 찾을 수 있다. 진소암과 임철초의 공통점은 유교적 윤리에 입각해서 기존의 육친론을 비판한다는 것이다.

그러나《연해자평》의 육친론을 지지하는 반자단은 수요화제관주라는 필명으로 출간한 자신의 저서《명학신의》에서 진소암과 임철초를 모두 비판하면서 사주명리학의 이치는 윤리와 무관하다고 말한다.

반자단은, 아이가 모체에서 태어나는 것은 동물계의 보편적인 현상이므로 정인을 모친으로 삼는 것이 옳다고 설명한다. 그리고 편재가 부친이 되는 것에 대해서는, 자식의 교육과 양육을 부친이 책임지는데, 내가 힘을 써서 얻은 재물이 아니기 때문에 편재라고 설명한다. 그리고 자녀가 있으면 비용이 들기 때문에 일을 해야 하고 근검절약해야 하므로 결국 자녀로 인해서 내가 속박되기 때문에 자녀는 관성이라고 설명한다.

한편 청나라 때 심효첨은 자신의 저서《자평진전》에서 정인이 모친이 되는 것은 그 몸에서 내가 태어났기 때문이고, 내가 극하는 편재가 부친이 되는 이유는 모친인 정인을 편재가 극하기 때문이고, 정재가 아내인 것은 나의 극을 받기 때문이고, 나를 극하는 관성이 자식이 되는 것은 처첩인 재성이 생하기 때문이라고 설명한다.

그러나 반자단은, 심효첨의 설명은 전통적인 육친론도 버리지 못하고 유교적 윤리도 버리지 못한 억지 해석이라고 비판한다.

《연해자평》,《명리약언》,《자평진전》,《적천수천미》 등에 나타난 십성과 육친의 대응을 표로 정리하면 다음과 같다.

	연해자평	명리약언	자평진전	적천수천미
비견	형제, 자매	형제	형제	형제
겁재				
식신	손자, 여자의 딸	자녀		자녀
상관	손녀, 조모, 여자의 아들			
편재	부친, 첩	처	부친	처첩
정재	처		처	
편관	아들, 남편 아닌 남자	남편	자녀	조부
정관	딸, 남편			
편인	계모, 조부	남자의 부모, 여자의 부모와 시부모		부모
정인	모친		모친	

십성과 육친에 관한 오랜 갑론을박의 역사를 통해서 분명히 알 수 있는 것은, 십성과 육친의 관계가 글자들 사이의 논리에 의해 인위적으로 설정된 것이라는 사실이다. 사주명리학 신봉자들이 입버릇처럼 말하는 우주의 기운과 아무런 관련이 없다.

사주가 태어날 때 받은 우주의 기운을 나타낸다고 주장하는 사주명리학 신봉자들이 막상 사주를 풀이할 때는, 육친을 예로 들면, 어떤 글자가 어떤 우주의 기운에 따라 부모가 되거나 배우자가 되거나 자식이 되는지, 그 우주적 근거에 대해서 아무 말도 하지 않는 이유는 무엇일까? 이유는 간단하다. 우주적 근거가 없기 때문이다.

십성에 의한 육친론은 사주명리학의 다른 모든 이론과 마찬가지로 글자들 사이의 이론이다. 학자들의 주장에 따라 부모가 바뀌고 배우자가 바뀌고 자식이 바뀌는, 실체적 근거가 전혀 없는 공허한 이론이다.

남자 사주에 재성이 두 개 있으면 결혼을 두 번 할 팔자라든가, 여자 사주에 관성이 없으면 남자가 없다고 말하는 이들에게 묻고 싶다. 사주에 인성이 없는 사람은 부모 없이 태어날 팔자인가? 땅에서 솟았거나 하늘에서 떨어졌다는 말인가?

《명리약언》의 저자 진소암은 십성에 의한 육친론이 실제와 무관하다는 사실을 다음과 같은 말로 솔직하게 인정한다. "인성이 없는데도 부모가 훌륭하고 장수하는 사람, 식상이 없는데도 자식이 잘되는 사람, 재성과 관성이 없는데도 부부가 편안하고 영화를 누리는 사람, 그런 사람들이 항상 있다."

태어난 연월일시가 가족의 순서라고?

사주명리학에서 가족 관계를 살피는 방법은 앞 장에서 설명한 십성에 의한 육친론과는 별개로 근묘화실(根苗花實)에 의한 육친론이 있다. 근묘화실에 의한 육친론은 사주의 연·월·일·시를 식물의 뿌리[根]·싹[苗]·꽃[花]·열매[實]에 비유하여 각 위치에 육친을 배정하는 이론이다. 사주 여덟 글자의 자리, 즉 궁(宮)의 위치에 따른 이론이므로 궁위론 또는 궁위 육친론이라고도 한다.

근묘화실은 전국시대 낙록자의 저술로 알려진 《낙록자부》에 쓰여 있는 "싹이 움트는 조짐을 보고 그 근원을 살핀다. 뿌리[根]는 싹[苗]의 앞에 있고 열매[實]는 꽃[花]의 뒤를 따른다."라는 구절에서 유래한다.

그 구절을 송나라 때 저술 《낙록자부주》에서 왕정광이 해설하면서 태(胎)를 근(根)에, 월(月)을 묘(苗)에, 일(日)을 화(花)

에, 시(時)를 실(實)에 대응시켜 태월일시(胎月日時)를 근묘화실에 비유한 것이 근묘화실 이론의 기원이다. 당시에는 연월일시가 아니라 태월일시를 사주라고 했었다. 태(胎)는 고법 사주명리학에서 중시했던 수태한 달을 가리킨다.

그리고 송나라 때 서자평은 《낙록자부》를 해설한 자신의 저서 《낙록자삼명소식부주》에서 수태한 달을 조상의 궁으로, 태어난 달을 부모의 궁으로, 태어난 날을 자신의 궁으로, 태어난 시를 자손의 궁으로 설명했다. 근묘화실과 궁의 위치를 결부시켜 육친을 살피는 궁위 육친론은 그렇게 서자평에 의해서 정립되었다.[1]

한편 서자평을 계승한 서대승의 저술인 《자평삼명통변연원》에는 연(年)은 근(根)이 되고, 월(月)은 묘(苗)가 되고, 일(日)은 화(花)가 되고, 시(時)는 실(實)이 되며 연(年)은 조상이고, 월(月)은 부모와 형제, 일(日)은 자신과 처, 시(時)는 자식에 해당한다고 설명되어 있다. 고법 사주명리학에서의 태월일시(胎月日時)가 신법 사주명리학에서는 연월일시(年月日時)로 바뀌었음을 알 수 있다.

서대승이 원저자로 알려진 《연해자평》〈육친총론〉에는 연(年)은 조상, 월(月)은 부모·백부·숙부·형제·가문, 일(日)은

---

1 육친론의 선구자는 동진(東晉)의 곽박이다. 곽박이 저술하고 장옹이 주석한 《옥조정진경》과 서자평이 주석한 《옥조신응진경》에 실려 있는 곽박의 원문에 육친을 살피는 방법이 언급되어 있다. 그리고 '사주(四柱)'라는 용어가 등장하는 최초의 문헌도 곽박의 원문이다. 그래서 곽박을 사주명리학의 시조로 보는 견해도 있다. 서자평은 곽박의 영향을 받았을 것이다.

자신과 처첩에 해당한다고 쓰여 있다. 그리고 〈논일위주〉에는 연간(年干)은 할아버지, 연지(年支)는 할머니, 월간(月干)은 아버지, 월지(月支)는 어머니와 형제, 일간(日干)은 자신, 일지(日支)는 처첩, 시간(時干)은 아들, 시지(時支)는 딸이라고 세분되어 있다.

자신의 저서 《명리약언》에서 《연해자평》의 십성에 의한 육친론을 신랄하게 비판했던 진소암은 근묘화실에 의한 육친 배정에 대해서는 대체로 호의적이다. 그는 연(年)을 조상으로, 월(月)을 부모로, 일지(日支)를 처로, 시(時)를 자식으로 간주하는 방식에 이치가 있는 것으로 본다.

그러나 월(月)을 형제로 간주하는 것에 대해서는, 월(月)은 일(日)보다 높은데 어찌 형제가 월(月)에 해당할 수 있느냐며 비판한다. 진소암은 사주에 형제의 자리는 없는 것으로 본다.

청나라 때 심효첨은 자신의 저서 《자평진전》에서 연·월·일·시를 각각 조상·부모·처·자식에 배분한다. 형제의 자리에 관한 언급은 없다. 청나라 때 이르러 궁위 육친론은 연·월·일·시와 조상·부모·처·자식 대응 방식이 어느 정도 정착된 듯하다.

궁위 육친론에서 주목할 만한 것은 대만의 명리학자 하건충이 자신의 저서 《팔자심리추명학》과 《천고팔자비결총해》에서 제시한 궁성이론(宮星理論)이다. 그는 근묘화실 이론을 기반으로 하여 사주 여덟 글자의 위치를 십성의 명칭에 따라 궁으로 설정하고 그것에 해당하는 천간을 배치했다. 이를테면 일간(日干)의 위치는 비견궁 또는 주체궁으로서 자기 자신이며 천간으로 표기하면 주체성을 나타내는 경(庚)에 해당하고, 남자의 경우 일지(日支)는 정재궁으로서 아내를 가리키며 을(乙)에 해당한다는 식이다.

하건충의 궁성이론에 따른 육친의 위치를 표로 정리하면 다음과 같다.

時	日	月	年
편인궁	비견궁(주체궁)	식신궁	편재궁 부친
戊	庚	壬	甲
癸	乙	丁	己
자녀 상관궁	아내 정재궁	남편 정관궁	모친 정인궁

하건충의 이론은 전통적인 육친론에서 조상을 배제하고 육친의 위치를 수정하면서 십성을 적극적으로 활용했음을 알 수 있다.

그런데 위의 표에서 알 수 있듯이 하건충의 궁성이론에는 겁재와 편관의 자리가 없다. 이를 보완하기 위해 비견궁에 겁재를 포함시켜서 비겁궁으로, 정관궁에 편관을 포함시켜서 관살궁으로 명칭을 바꾸어 새롭게 십성궁 이론을 제시한 이가 낭월 박주현이다.

낭월 박주현이 자신의 저서《사주 심리학 2》에서 제시하는 십성궁 이론을 표로 정리하면 다음과 같다.

時	日	月	年
편인궁	비겁궁	식신궁	편재궁 부친
戊	庚(辛)	壬	甲
癸	乙	丁(丙)	己
자녀 상관궁	배우자 정재궁	형제 관살궁	모친 정인궁

하건충은 남녀를 구별하여 남자의 경우에는 일지(日支)를 정재궁으로 칭하며 아내로 보고, 여자의 경우에는 월지(月支)를 정관궁으로 칭하며 남편으로 보았는데, 낭월 박주현은 월지(月支)를 관살궁으로 칭하며 형제로 보고 일지(日支)를 남녀 구별 없이 배우자궁으로 본다.

이처럼 십성에 의한 육친론과 마찬가지로 근묘화실에 의한 육친론에도 일치된 관법은 존재하지 않는다. 고대로부터 현대에 이르기까지 누구의 이론을 적용하여 사주를 보느냐에 따라 가족 인연이 달라지는 것이다. 사주를 철석같이 믿는 사람들은 '누구'를 또는 '무엇'을 믿는 것일까? 사주를 통해서 가족 인연을 알 수는 있는 것일까?

이쯤에서 근묘화실에 의한 육친론의 논리적 타당성 여부를 따져 볼 필요가 있겠다. 실체적 근거는 고사하고 논리 자체가 타당하지 않다면, 더 이상 그런 것에 의한 가족 인연에 일희일비할 필요가 없기 때문이다.

우선 근묘화실과 육친의 대응을 생각해 보자. 식물의 생성 순서는 근묘화실이므로 근(根)을 조상, 묘(苗)를 부모, 화(花)를 자신, 실(實)을 자식 등으로 대응시키는 방식은 논리적으로 문제가 없다. 조상 다음에 부모가, 부모 다음에 내가, 나 다음에 자식이 나오기 때문이다.

그러나 근묘화실을 사주(四柱)의 연월일시에 대응시켜서 연(年)이 조상, 월(月)이 부모, 일(日)이 자신, 시(時)가 자식에 해당한다는 식의 설명은 비논리적이다. 왜냐하면 근묘화실은 식물의 생성 순서이지만 연월일시는 시간의 생성 순서가 아니라 단위의 크기 순서이기 때문이다.

근(根)을 연(年)에, 묘(苗)를 월(月)에, 화(花)를 일(日)에, 실(實)을 시(時)에 대응시키려면 연월일시의 생성 순서가 연-월-일-시가 되어야 한다. 그런데 과연 시간은 연-월-일-시의 순서로 생성되었을까? 연(年)에서 월(月)이 나오고 월(月)에서 일(日)이 나오고 일(日)에서 시(時)가 나왔는가? 그래서 연(年)이 시간의 뿌리에 해당하는가?

연-월-일-시 순서는 날짜를 표기하는 관습적인 순서에서 비롯되었을 가능성이 크다. 중국에서는 날짜를 표기할 때 연월일(YYYY-MM-DD) 순서를 사용하기 때문이다. 우리나라와 일본도 중국과 같은 순서로 날짜를 표기한다. 그러나 독일, 영국,

프랑스 등에서는 일월년(DD-MM-YYYY) 순서를 사용한다. 그리고 미국에서는 월일년(MM-DD-YYYY) 순서를 사용한다. 국가마다 관습이 다르다.

국제 사회에서 혼란을 피하기 위한 국제표준화기구 (ISO) 8601 규정에는 연월일(YYYY-MM-DD) 순서를 사용하고 날짜와 시간을 혼합하여 표기할 때는 시간(T)을 뒤에 추가하도록 규정되어 있다. 확실한 것은, 국제 규정이든 어떤 나라의 관습이든, 연-월-일-시 순서가 시간 단위의 생성 순서는 아니라는 사실이다.

그러면 연월일시라는 단위는 어떤 순서로 개념이 형성되었을까? 해가 뜨고 지는 것은 시(時)의 흐름에 해당한다. 인간은 시(時)를 먼저 인식하고, 그다음에 일(日)의 개념을 갖게 되었을 것이다. 이어서 달의 형태 변화에 따른 월(月)의 개념이 형성되고, 계절의 순환을 인식하면서 연(年)의 개념이 형성되었을 것이다. 그렇다면 시일월년(時日月年) 순서이다. 또는 하루[日]의 개념이 먼저 생겨나고 그것이 세분되어 시(時)의 개념이 생겼다면, 순서는 일시월년(日時月年)이 될 것이다.

그런데 왜 근묘화실을 연-월-일-시 순서로 대응시키는 것일까? 생성 순서에 따라 근묘화실을 말하면서 생성 순서와 무관하게 단위의 크기 순서에 따라 연월일시를 대응시키고, 연(年)이 뿌리[根]이므로 조상이라는 식으로 해석하는 것은 비논리적이다.

물론 근묘화실을 시간 단위의 개념 형성 순서에 따라 시일월년(時日月年) 또는 일시월년(日時月年) 순서에 대응시켜도 논리에 맞는 것은 아니다. 왜냐하면 단위의 개념 형성 순서가 시간 자체의 생성 순서는 아니기 때문이다. 시간은 생성되지도 않고 소멸되지도 않는다. 시간은 흐르지도 않는다는 물리학자들의 연구도 있다.

게다가 그러한 비논리적인 근묘화실-연월일시 대응 이론을 받아들인다고 하더라도 문제는 또 있다. 연월일시와 근묘화실을 대응시켜 육친을 설명하는 방식은 은유일 뿐이다. 연월일시에 근묘화실을 그대로 대입하여 연주가 조상이나 부모를 나타낸다는 식으로 해석하는 것은 은유와 실제를 구별 못하는 오류다.

"내 마음은 호수요, 그대 노 저어 오오"라고 표현하면 실제로 내 마음이 호수가 되어 그대가 노를 저어 올 수 있는가? 문학에서는 가능한 일이겠으나 사주명리학은 문학이 아니다. 운명을 말하는 사주명리학은 문학이 되어서도 안 된다. 상상이 아닌 사실에 기반을 두어야 하기 때문이다.

한편 육친론과는 별개로 연주(年柱)를 초년의 운으로, 월주(月柱)를 청년의 운으로, 일주(日柱)를 중년의 운으로, 시주(時柱)를 노년의 운으로 파악하기도 한다. 각각 15~20년 동안의 운을 나타내는 것으로 본다. 연월일시에 근묘화실을 대입하여 시간의 흐름에 따른 생애 주기별 운을 살피는 방식이다. 물론 이러한 방식도 연-월-일-시가 시간의 생성 순서에 따른 흐름이 아니므로 비논리적이다.

그러나, 어쨌든, 그럼에도 불구하고, 근묘화실에 의한 육친론과 생애 주기별 운 해석 방법에 따르면, 태어난 연도에 따라 조상 또는 부모 인연과 초년의 운이 결정되고, 태어난 달에 따라 부모와 형제 또는 남편 인연과 청년기의 운이 결정되고, 태어난 날에 따라 배우자 인연과 중년의 운이 결정되고, 태어난 시에 따라 자녀 인연과 노년의 운이 결정된다.

자연의 법칙을 말하고 우주의 기운을 말하는 사주명리학 신봉자들은 정말 그것이 자연의 법칙이며 우주의 기운에 따른 합당한 해석 방식이라고 믿는 것일까? 그렇다면 거기 어디에 자연의 법칙이 있고 우주의 기운이 있는지 합리적으로 설명해야 한다.

역술가 따라 달라지는 운명, 무의미한 용신

모든 것을 다 갖춘 완벽한 사주는 없다고 흔히 말한다. 그러나 이상적으로 여겨지는 좋은 사주가 없는 것은 아니다. 사주명리학에서 가장 이상적으로 여겨지는 좋은 사주는 균형과 조화를 이룬 사주, 즉 중화(中和)를 이룬 사주다.

중화의 중요성이 직접적으로 언급된 최초의 문헌은 송나라 때 서대승의 저술인 《자평삼명통변연원》이다. "오행은 치우쳐서는 안 되며 반드시 중화를 이루어야 한다" 등 중화를 강조하는 구절이 곳곳에 등장한다.

중화를 이루기 위해 꼭 필요한 오행을 용신(用神)이라고 한다. '용신'이라는 용어는 당나라 때 이허중의 저술인 《이허중명서》의 "먼저 천간의 가볍고 맑은 기운을 취하여 용신의 복으로 삼는다"라는 구절에 처음 등장한다. 또 송나라 때 서자평의 저술인《낙록자삼명소식부주》에는 '용자(用者)'라는 표현이 나오는데 문종란은 그것을 용신의 서자평식 언어로 이해한다.[1] 그러나 그 책들 어디에도 용신에 대한 구체적인 설명은 없다.

유경진의 연구에 따르면, 명칭은 등장하지 않지만 억부, 조후, 병약, 통관 등의 용신이 간접적으로 가장 먼저 설명된 문헌은 송나라 때 서대승이 원저자로 알려진《연해자평》이다.[2] 그러나 각각의 용신에 관한 이론은 후대의 여러 학자들에 의해 서서히 개별적으로 정립되었다.

오늘날에는 중화민국의 명리학자 서락오가 1936년에 출간한《자평진전평주》에서 억부, 조후, 병약, 통관, 전왕 등 용신을 정하는 다섯 가지 방법을 하나씩 설명한 것이 계기가 되어 억부용신, 조후용신, 병약용신, 통관용신, 전왕용신 등이 대표적인 다섯 가지 용신으로 꼽힌다.

1) 억부용신(抑扶用神)

중국에서는 부억 또는 부억용신이라고 표현하는데 우리나라에서는 억부 또는 억부용신이라는 용어가 사용된다. 따라서 여기에서는 우리나라에서 쓰이는 대로 억부 또는 억부용신이라는 표현을 사용한다. 그러나 인용의 경우에는 원문에 따른다.

1 서자평 지음, 문종란 편역,《낙록자삼명소식부주》. 한국학술정보 2017, 28쪽.
2 유경진,《명리학 용신론》. 연혜명원 2009.

'억부'는 송나라 때 경도가 저술하고 명나라 때 유기가 주해한 것으로 알려진 《적천수》의 〈형상〉에 있는 "완전하면 여분을 덜어내고 모자라면 보태는 것이 마땅하다"라는 구절에 개념이 확연하게 드러나 있다. 그리고 같은 책 〈체용〉에는 "중요한 것은 부(扶)와 억(抑)이 마땅함을 얻는 것"이라고 언명되어 있다.

청나라 때 진소암의 저술인 《명리약언》에는 억부의 중요성이 더욱 직접적이며 구체적으로 설명되어 있다. 〈간명총법 1〉은 "명(命)을 살피는 큰 법은 생극(生剋)과 부억(扶抑)에 불과할 뿐"이라는 문장으로 시작한다. 그리고 "강한 것은 억제하고 약한 것은 부조하되, 원국에서 부억할 수 없는 것은 운으로 부억한다"라고 요약되어 있다. 또 〈간용신법〉에는 "용신을 보는 법은 부억에 불과할 뿐"이라고 다시 강조되어 있고, 이어서 다양한 경우의 용신이 억부의 관점에서 설명되어 있다.

억부용신을 한마디로 정의하면 '일간이 강하면 억제하고 약하면 부조함으로써 강약의 균형을 맞추어 중화를 이루기 위한 용신'이다. 그러므로 억부용신을 정하기 위해서는 먼저 일간의 강약을 판단해야 한다.

문제는, 일간의 강약이 객관적으로 항상 동일하게 판단되는 것은 아니라는 사실이다. 대체로 득령(得令), 득지(得地), 득세(得勢) 중에서 둘 이상을 얻으면 강한 것으로 보지만 꼭 그렇다고 단언할 수는 없다. 심지어 득령, 득지, 득세임에도 불구하고 강하다고 할 수 없는 경우도 있다. 예를 들면 다음 사주의 경우이다.

時	日	月	年
戊	癸	乙	癸
午	亥	丑	亥

이 사주는 득령, 득지, 득세이지만 연주 계해(癸亥)가 일간에 도움이 되지 못하고 일지 해수(亥水)도 무력하다. 그리고 일간 계수(癸水)는 오화(午火)의 생을 받는 강력한 무토(戊土)로부터 극(剋)을 당하면서 을목(乙木)으로 기운이 새어 나가는 설기(洩氣)의 상태에 있으므로 극(剋)과 설(洩)이 겹치는 극설교가(剋洩交加)에 해당하여 강하다고 보기 어렵다. 물론 강하다고 보는 사람도 있을 것이다.

이처럼 강약의 판단은 일간 주변과 전체의 상황을 살펴야 하므로 애매한 경우가 흔히 있다. 그래서 역술가에 따라 강약의 판단이 달라서 용신도 달라지는 경우가 발생하는 것이다. 용신이 달라지면 길흉화복에 대한 예측도 달라진다.

그러한 문제를 해결하기 위해서 대만의 명리학자 진품굉, 하건충, 오회운 등은 간지의 강약을 수치로 계량하는 방법을 제 나름대로 고안하여 제시했다. 특히 오회운은 자신의 저서《명리점정》에서 자신의 계량 공식은 꿈에 문득 깨달은 것이라면서 정확성이 95% 이상이라고 주장했다. 하건충도 자신의 저서《팔자심리추명학》에서 자신의 방법이 95% 이상 정확하다고 주장했다.

그러나 중국의 언어학자이며 명리학자인 육치극은 자신의 저서 《명리학의 이해》에서, 그들 세 사람의 계량 방법은 꿈을 포함한 자유로운 심증으로부터 얻은 것이며 믿을 만한 근거나 통계가 없다면서 과학성과 정확성에 의문을 표한다. 그리고 세 사람의 방법이 서로 다르기 때문에 동일한 사주의 계량 결과가 제각각 다르다는 사실을 지적한다.

한편 낭월 박주현은 자신의 저서 《용신》에서 수치로 계량하는 방법을 제시는 하지만 "수치의 장점은 명료함에 있고 단점은 융통성이 없음에 있다"라면서 수치의 한계를 인정한다. 추일호도 자신의 저서 《용신비법》에서 간지의 강약 비율을 수치로 제시하면서, 단편적으로 판단하지 말고 하나의 참고로만 활용할 것을 권한다. 자신의 방법이 95% 이상 정확하다고 주장하는 대만 명리학자들에 비해 우리나라 명리학자들의 학문적 냉철함이 돋보인다.

하나의 사주에 다양한 풀이가 있는 이유는 여러 가지가 있지만, 억부용신을 사용하는 경우 강약의 판단이 일정하지 않은 것도 중요한 이유이다. 또 강약의 판단이 같아도 선택되는 용신은 사주의 상황에 따라 다르고, 그 상황 판단은 역술가에 따라 다를 수 있다.

그러한 여러 가지 가변적인 요소들로 인해 사주 풀이와 길흉화복의 예측이 달라지는 것이다. 그러면 어떤 것이 맞는 것일까? '나'의 운명은 내가 만나는 역술가에 따라 달라진다는 말인가? 그럴 리가 없다. 내가 만나는 역술가에 따라 달라진다면, 그런 것이 무슨 운명이겠는가. 원론적인 의문을 가져야 한다. 운명이라는 것이 있는가? 있다면, 그것을 사주로 알 수 있는가?

2) 조후용신(調候用神)

조후용신은 기후 조절을 위한 용신이다. 그러므로 조후용신은 계절을 나타내는 월지(月支)를 기준으로 결정된다. 조후용신이 주된 내용으로 등장한 문헌은 《궁통보감》이다. 명나라 때로 추정될 뿐 저자와 저술 연대를 정확히 알 수 없는 《난강망》이 청나라 초에 천문을 살피던 관리의 손에 들어가 《조화원약》으로 이름이 바뀌었는데, 그것을 청나라 말에 여춘태가 다시 개명하여 간행한 책이 《궁통보감》이다.

《궁통보감》에는 인월(寅月)의 갑목(甲木)부터 축월(丑月)의 계수(癸水)에 이르기까지 월지에 따라 일간이 필요로 하는 기운이 모두 천간을 기준으로 설명되어 있다. 예를 들면 인월(寅月)의 갑목(甲木)은 아직 추우므로 병화(丙火)와 계수(癸水)가 필요하고 축월(丑月)의 신금(辛金)은 춥고 얼어 있으므로 먼저 병화(丙火)로 녹이고 다음에 임수(壬水)로 씻어야 한다는 식이다.

물론 《궁통보감》의 설명이 조후용신을 정하는 절대적인 규칙이 되는 것은 아니다. 그렇지만 열두 달을 나타내는 월지를 기준으로 조후용신이 정해진다는 사실은 변함이 없다. 사주 하나를 예로 들면 다음과 같다.

時	日	月	年
甲 午	辛 丑	癸 丑	壬 辰

이 사주는 신금(辛金) 일간이 겨울 축월(丑月)에 태어났으므로 춥다. 게다가 신금(辛金)도 계수(癸水)도 임수(壬水)도 모두 오행으로 보아 추운 속성을 갖고 있다. 그러므로 온기를 공급하는 시지(時支)의 오화(午火)가 조후용신이 된다.

이 사주는 서락오의《자평진전평주》에 조후용신의 사례로 제시된 것이다. 서락오는 금(金)과 수(水)는 차갑고 토(土)는 얼어붙어 있으니 오화(午火)를 용신으로 삼아 기후를 조화롭게 하는 것이라고 설명한다.

사주명리학은 인간이 태어날 때 자연의 기운을 받는다는 것을 전제로 성립된다. 인간이 직접 감각으로 느낄 수 있는 자연의 기운은 기후이다. 그러므로 기후를 조절함으로써 중화에 이른다는 조후용신의 개념은 매우 설득력 있게 들린다. 아마도 그것이 일부 역술가들에게 조후용신이 가장 중요한 용신으로 꼽히는 이유일 것이다.

예를 들면 김동완은 자신의 저서《사주명리학 용신특강》에서 사주명리학은 절기력을 활용하는 계절학이며 조후학이라고 주장한다. 추일호도 자신의 저서《용신비법》에서 억부, 통관, 병약 등도 사실 모두 조후를 이루고자 하는 것이라면서 조후를 가장 중요하게 여긴다. 그는 심지어 조후법을 제쳐 놓고는 올바른 사주 풀이를 할 수 없다고 주장한다.

그러면 과연 사주에는 실제 기후가 반영되어 있는 것일까? 겨울에 태어난 사람의 사주 하나를 예로 들면 다음과 같다.

時	日	月	年
丙	丁	丙	甲
午	巳	子	午

이 사주는 2014년 12월 12일 낮 12시 20분 서울에서 출생한 사람의 사주이다. 사주명리학에서 한겨울이라고 말하는 자(子)월에 태어났지만 일간이 정화(丁火)이고 일간의 양쪽으로 병화(丙火)가 있다. 일지는 사화(巳火)이고 연지와 시지는 오화(午火)이다. 오행으로 보면 화(火)의 열기가 가득하여 온통 불바다라고 할 수 있는 사주이다.

그런데 기상청 자료에 따르면 그날 서울 평균기온은 -3.8도, 최고기온은 0.5도, 최저기온은 -7.0도였다. 사주 여덟 글자에 분포된 간지의 오행이 나타내는 온도와 전혀 다르다. 그러면 이 사주는 추운 사주일까, 더운 사주일까? 이 사주의 주인공은 추운 기운을 받고 태어났을까? 아니면 더운 기운을 받고 태어났을까?

이번에는 여름에 태어난 사람의 사주 하나를 예로 들어 보자.

時	日	月	年
壬	癸	壬	庚
子	酉	午	子

이 사주는 1960년 6월 14일 오전 1시 20분 서울에서 출생한 사람의 사주이다. 사주명리학에서 한여름이라고 말하는 오(午)월에 태어났지만 일간이 계수(癸水)이고 일간의 양쪽으로 임수(壬水)가 있다. 일지 유(酉)와 연간 경(庚)은 오행의 금(金)이므로 수(水)의 기운을 북돋아 준다. 연지와 시지도 자수(子水)이다. 이 사주는 수(水)의 냉기가 가득한 사주이다.

그런데 기상청 자료에 따르면 그날 서울 평균기온은 21.3도, 최고기온은 27.8도, 최저기온은 16.3도였다. 사주 간지의 오행이 나타내는 온도와 전혀 다르다. 그러면 이 사주의 주인공은 냉기 가득한 수(水)의 기운을 받고 태어났을까? 아니면 오(午)월 한여름 화(火)의 기운을 받고 태어났을까?

이로써 사주의 간지는 실제 기온과 무관함을 알 수 있다. 조후법에서 중시되는 한난조습(寒暖燥濕)은 간지의 상황일 뿐 실제가 아니다. 조후용신에는 실체적 근거가 없다는 뜻이다.

3) 병약용신(病藥用神)

병이 있을 때 약이 되는 병약용신은 명나라 때 장남의 저술인 《명리정종》에서 주된 개념으로 등장한다. 병은 지나치게 많은 오행, 즉 태과한 오행이다. 그리고 약이 되는 병약용신은 그 태과한 오행을 극하는 오행이다. 예를 들면 다음과 같다.

時	日	月	年
庚	壬	丙	辛
子	申	申	酉

이 사주에서는 태과한 금(金)이 병이다. 금의 생을 과다하게 받는 일간 임수(壬水)는 흘러갈 곳이 없는 상황이다. 금으로 인하여 일간이 병들었으므로 금을 극하는 화(火)가 병약용신이 된다.

그런데 이 경우는 병약법이 아니라 억부법으로 보아도 마찬가지다. 인성이 많아 일간이 강한데 식상과 관성이 없으므로 재성 화(火)가 억부용신이 되는 것이다. 인성 과다이므로 재성으로 인성을 억제하는 경우에 해당한다.

이처럼 병약의 원리는 억부의 원리와 다르지 않다. 이에 주목한 낭월 박주현은 1999년에 초판이 나온 이래 2022년 현재까지 증쇄를 거듭하고 있는 자신의 저서 《알기 쉬운 용신분석》에서 병약 이론은 억부 이론에 흡수될 수 있다는 견해를 밝힌다.

병약용신의 문제는 그것이 사주 주인공의 실제 건강과 아무 관련이 없다는 것이다. 게다가《명리정종》에서는 중화를 이룬 사주보다 병도 있고 약도 있는 사주를 더 나은 것으로 여기고 있어서 중화의 가치와 병약의 가치가 전도되는 문제도 드러난다.

4) 통관용신(通關用神)

통관용신은 두 세력이 대립할 때 소통을 이루는 용신이다. 송나라 때 경도가 저술하고 명나라 때 유기가 주해한 것으로 알려진《적천수》의 〈통관〉에서 유래한 것으로 보인다. 예를 들면 다음과 같다.

時	日	月	年
己	丁	丙	丁
酉	酉	午	酉

이 사주는 금(金)과 화(火)가 대립하는 형국이다. 그러므로 화생토 → 토생금으로 소통을 이루기 위한 토(土)가 통관용신이 된다. 이것은 서락오의《자평진전평주》에 예시된 사주인데, 서락오는 만일 토가 없었다면 재성 금이 무용지물이 되었을 것이

라며 식신생재(食神生財)하는 부자의 사주라고 설명한다.

그런데 이 사주는 억부법으로 보아도 같은 결과에 도달한다. 일간 정화(丁火)가 월령과 세력을 얻어 강하므로 정화(丁火)의 기운을 덜어내는 식신 기토(己土)가 억부용신이 된다. 결국 통관법도 앞서 설명했던 병약법과 마찬가지로 억부의 원리로 설명이 가능하다. 그래서 낭월 박주현은 자신의 저서《알기 쉬운 용신분석》에서 억부, 조후, 병약, 통관, 전왕 등 5대 용신법을 통관과 병약을 제외한 3대 용신법으로 축소할 수 있다는 견해를 밝힌다.

통관용신 역시 다른 용신과 마찬가지로 실제 삶과의 연관성은 없다. 글자들 사이의 대립은 사주 주인공의 실제 삶에서 일어나는 대립과 아무 관계가 없으며, 어떤 오행을 통관용신으로 삼는다고 해서 그것이 삶에서 어떤 기능을 발휘하여 대립이 해소되는 것도 아니다.

5) 전왕용신(專旺用神)

전왕용신은 하나의 세력이 지배적일 때 그것에 복종하는 용신이다. 격국에 따른 다양한 유형이 있는데 가장 간단한 예를 하나 들면 다음과 같다.

時	日	月	年
甲 午	丙 午	甲 午	丙 午

이 사주에서는 화(火)가 지배적인 세력이다. 두 개의 갑목(甲木)도 화를 돋우는 역할을 한다. 그러므로 화(火)가 전왕용신이 된다.

전왕용신의 문제도 다른 용신과 마찬가지로 실제 삶과 무관하다는 것이다. 사주의 어떤 오행이 지배적인 세력을 이루고 있다고 해서 실제 삶에서도 어떤 기운이 지배적인 것은 아니다. 또 그 세력에 복종하여, 해당되는 오행을 전왕용신으로 삼는다고 해서 삶에 어떤 효과가 발생하는 것도 아니다. 사주의 글자들 사이에서 일어나는 지배와 복종의 관계 설정일 뿐이다.

(6) 중화(中和)

사주명리학이 추구하는 최고의 가치는 중화다. 중화의 중요성을 가장 간결하게 잘 나타낸 표현은 《자평삼명통변연원》에 실려 있는 "명(命)이 귀하려면 중화를 이루어야 한다"라는 구절일 것이다.

용신은 바로 중화를 얻기 위한 요소다. 강하면 억제하고 약하면 부조하는 억부용신, 기후를 조절하는 조후용신, 병을 낮게 하는 병약용신, 대립하는 두 세력을 소통하게 하는 통관용신 등은 모두 중화를 이루기 위한 여러 유형이다. 다만 전왕용신은 지배적인 세력에 복종함으로써 중화를 포기하는 대신 겉으로나마 평화를 얻으려는 고육지책이라고 이해할 수 있을 것이다.

그러나 그 모든 것은 사주 여덟 글자 사이에서 펼쳐지는 관념의 유희다. 태어날 때 우주의 기운을 받는다는 사주명리학의 전제를 받아들이더라도, 또 사주를 구성하는 간지가 우주의 기운을 나타낸다는 주장을 묵인하더라도, 어떤 글자가 어떤 글자를 생하거나 극하기 때문에 운명이 어떠어떠하다는 식의 이론, 또 어떤 글자로 그러한 생과 극의 중화를 이룬다는 이론 등은 모두 관념의 체계일 뿐이다.

억부법의 경우 일간의 강약은 현실의 강약과 아무런 연관이 없으며 억부용신으로 강약을 조절한다는 이론 역시 관념의 세계에서나 가능한 일이다. 조후법도 그렇다. 자연 현상인 기후를 조후용신으로 조절한다는 이론은 초월적인 발상일 뿐 현실에서 구현되는 것은 아니다. 다른 용신법도 마찬가지다.

사주 풀이의 핵심 이론이라고 할 수 있는 십성론이 그렇듯이 용신론도 글자들 사이의 관념적인 이론이다. 삶에서의 실제 작용은 아무것도 없다. 바둑이 아무리 인생의 축소판이라고 해도, 바둑판 위의 돌이 인생에서 무슨 작용을 하겠는가.

四柱命理

4부

우주는
당신 인생에
개입하지 않는다

간지의 오행과 음양

출생 연월일시를 표기하는 사주를 해석함으로써 태어날 때 받은 우주의 기운을 파악하여 운명을 추론할 수 있다고 주장하는 사주명리학이 합리적인 학문으로 인정을 받으려면, 무엇보다도 먼저 사주가 우주의 기운을 나타낸다는 것을 증명해야 한다.

사주는 육십갑자 간지로 구성되어 있으므로 사주가 우주의 기운을 나타낸다는 말은 곧 사주의 간지가 우주의 기운을 나타낸다는 말과 같다. 여기에서 간과하지 말아야 할 것은 "간지가 우주의 기운을 나타낸다"는 주장과 "사주의 간지가 우주의 기운을 나타낸다"는 주장은 전혀 다른 의미라는 사실이다.

왜냐하면 전자는 간지, 즉 천간과 지지 각 글자가 우주의 기운을 나타낸다는 뜻이고, 후자는 천간과 지지의 규칙적인 조합인 육십갑자로 표기된 사주의 간지가 출생 시각 우주의 기운을 나타낸다는 뜻이기 때문이다.

그럼에도 불구하고 일부 사주명리학 신봉자들은, 교활한 고의인지 무지에 의한 착오인지 모르겠지만, 전자를 말하면서 마치 후자가 증명된 사실인 것처럼 주장한다.

이 장에서는 간지와 음양오행이 결부되는 과정을 고찰하면서 그러한 두 가지 상이한 주장의 타당성을 따져 보겠다. 그러기 위해서는 먼저 간지의 각 글자가 본래 어떤 의미를 갖고 있는지 찬찬히 살펴볼 필요가 있다. 간지의 음양오행은 각 글자의 의미와 무관하지 않기 때문이다.

'천간 = 하늘의 기운, 지지 = 땅의 기운' 인간의 설정일 뿐

잘 알려져 있다시피 간지의 각 글자가 발견된 가장 오래된 기록은 은허에서 출토된 갑골문이다. 갑골문은 거북의 등이나 배 껍데기 또는 동물의 뼈에 새겨진 문자로서 한자의 원형으로 여겨진다. 갑골문에서 간지의 조합인 육십갑자도 발견된 것으로 보아 간지 체계는 은나라 때로 거슬러 올라갈 만큼 오랜 역사를 가진 것임을 알 수 있다.

갑골문에 관한 여러 연구에 따르면, 갑골문에 새겨진 간지는 점복이나 일상생활의 기록 또는 순서를 나타내는 용도 등으로 쓰였으며 음양오행의 개념은 내포하고 있지 않았다고 한다. 간지가 음양오행과 결부된 것은 나중의 일이었다.

간지 각 글자의 의미는 고대의 여러 문헌에 기록되어 있다. 먼저 한나라 초에 유안이 저술한 《회남자》〈천문훈〉에 있는 지지에 대한 설명을 요약하면 다음과 같다.

인(寅): 만물이 지렁이[螾]와 같이 꿈틀꿈틀 움직인다는 뜻이다.

묘(卯): 무성하다는 뜻의 무(茂)다.

진(辰): 떨치고 일어난다는 뜻의 진(振)이다.

사(巳): 생명이 이미[已] 안정되어 있다는 뜻이다.

오(午): 거스르다는 뜻의 오(忤)이므로 음기가 양기를 점차 거스른다는 뜻이다.

미(未): 맛있다는 뜻의 미(味)다.

신(申): 신음하다는 뜻의 신(呻)이다.

유(酉): 배부르다는 뜻의 포(飽)다.

술(戌): 사라지다는 뜻의 멸(滅)이다.

해(亥): 문을 잠그다는 뜻의 애(閡)다.

자(子): 무성하다는 뜻의 자(茲)다.

축(丑): 묶는다는 뜻의 뉴(紐)다.

음양의 변화가 뚜렷하게 나타나는 것은 아니지만, 인(寅)에서 양의 기운이 움직이기 시작하여 묘(卯)와 진(辰)에서 무성하게 떨치고 일어나 사(巳)에서 안정되고, 오(午)에서는 음기가 발생하여 점차 양기를 거스른다는 것을 알 수 있다. 기운의 흐름으로 보아 오(午) 이후로는 음기의 움직임이 진행되어야 하는데 그것은 분명하게 나타나 있지 않다.

전한의 역사가 사마천이 저술한 《사기》 〈율서〉에도 지지의
글자 의미가 설명되어 있는데, 《회남자》에 비해서 음양의 기운
이 두드러지게 나타난다. 이때 천간의 설명도 해당되는 지지에
포함되어 있지만 무(戊)와 기(己)에 대한 언급은 없다. 요약하
면 다음과 같다.

인(寅): 만물이 지렁이[螾]와 같이 꿈틀거리며 일어나는 것을
　　　　의미한다.
묘(卯): 무성하다는 뜻의 무(茂)를 의미한다.
　　　　- 천간의 갑(甲)과 을(乙)에 해당한다. 갑은 만물이
　　　　껍질을 벗고 싹이 트는 것을 의미하며, 을은 만물이
　　　　처음에는 구부러져 태어나는 것을 의미한다.
진(辰): 만물이 움직인다는 뜻의 진(蜄)을 의미한다.
사(巳): 양기가 이미[已] 다했다는 의미다.
오(午): 음과 양이 섞이는 것을 의미한다.
　　　　- 천간의 병(丙)과 정(丁)에 해당한다. 병(丙)은
　　　　양기의 통로가 분명히 드러난다는 뜻이고, 정(丁)은
　　　　만물이 왕성한 상태를 말한다.
미(未): 만물이 완성되어 좋은 맛[味]을 낸다는 의미이다.
신(申): 음기가 작용하여 만물을 손상시키는 것을 의미한다.
유(酉): 만물이 노쇠하는 것을 의미한다.
　　　　- 천간의 경(庚)과 신(辛)에 해당한다. 경(庚)은

음기가 만물을 바꾸는 것이고, 신(辛)은 만물이
새롭게 생겨나는 것이다.

술(戌): 만물이 모두 소멸되는 멸(滅)을 의미한다.

해(亥): 갖추다는 뜻의 해(該)로서 양기가 땅 밑에 감추어져
있다는 의미다.

자(子): 만물이 땅 밑에서부터 성장한다는 의미의 자(滋)다.
 - 천간의 임(壬)과 계(癸)에 해당한다. 임(壬)은
맡기다는 뜻의 임(任)이므로 양기가 땅 밑에서
만물을 맡아 기른다는 의미다. 계(癸)는 헤아리다는
뜻의 규(揆)이므로 만물을 예측할 수 있다는 의미다.

축(丑): (양기가 만물을 끌어당겨 나오는 것과 관련되는데
설명이 일부 누락됨)

한편 후한의 학자 허신이 저술한 중국 최초의 자전인《설문해
자》에는 천간과 지지의 글자에 대한 좀 더 자세한 설명이 있는
데, 음양의 변화에 따른 자연의 모습을 나타낸다는 점에서는 이
전의 문헌들과 크게 다르지 않다. 다만 눈에 띄는 것은 갑(甲)은
머리, 을(乙)은 목, 병(丙)은 어깨 등의 방식으로 천간에 신체
부위를 대응시키고, 지지에는 해당되는 월을 명기했다는 점이
다. 내용을 요약하면 다음과 같다.

갑(甲): 동방의 처음이며 양기가 생겨나 움직이는 모습이다.
사람의 머리 형상이다.

을(乙): 봄에 초목이 꾸불꾸불 움트는 모습이다. 목에
해당한다.

병(丙): 남방에 자리하며 만물이 성장한다. 음기가 처음
일어나고 양기는 점차 수그러진다. 어깨에 해당한다.

정(丁): 여름에 만물이 모두 열매를 맺는다. 심장에
해당한다.

무(戊): 중앙이다. 육갑(六甲)과 오룡(五龍)이 서로 얽혀
있는 모습이다. 옆구리에 해당한다.

기(己): 중앙이다. 만물이 몸을 구부려 감추는 모습이다.
배에 해당한다.

경(庚): 서방에 자리하며 가을에 만물이 열매를 맺는
모습이다. 배꼽에 해당한다.

신(辛): 가을에 만물이 성숙한다. 넓적다리에 해당한다.

임(壬): 북방에 자리하며 음이 극에 이르면 양이 생겨난다.
임신을 한 형상이다. 정강이에 해당한다.

계(癸): 겨울에 물과 땅이 평형을 이루어 측량이 가능하다.
물이 사방에서 모여와 땅속으로 유입되는 형상이다.
사람의 발에 해당한다.

＊　　＊　　＊

자(子): 11월이다. 양기가 움직이며 만물이 불어난다.

축(丑): 12월이다. 만물이 움직인다. 손의 모습을 본뜬

글자로 손을 움직여 일할 때를 뜻한다.

인(寅): 정월이다. 양기가 움직여 땅 아래에서 위로
솟아나려는 상태이다. 그러나 아직 음기가 강해 위에
도달하지는 못한다.

묘(卯): 2월이다. 무릅쓰다는 뜻의 모(冒)와 같다. 만물이
모든 것을 무릅쓰고 땅에서 올라온다. 문이 열리는
듯한 형상이다.

진(辰): 3월이다. 우레라는 뜻의 진(震)과 같다. 양기가
발동해 천둥과 번개가 치니 농사를 지을 때이며
만물이 모두 태어난다.

사(巳): 4월이다. 이미 이(巳)와 같다. 양기는 땅에서 나와
있고 음기는 이미 숨어 있어 만물이 드러난다.
뱀[蛇]을 뜻하는 형상이다.

오(午): 5월이다. 거스르다는 뜻의 오(牾)와 같다. 음기가
양기를 거슬러 땅을 뚫고 나온다.

미(未): 6월이다. 맛 미(味)다. 만물에 맛이 든다.

신(申): 7월이다. 신성하다는 신(神)과 같다. 음기가
자라난다.

유(酉): 8월이다. 이루다는 뜻의 취(就)와 같다. 기장이 익어
술을 빚을 수 있게 된다. 묘(卯)가 만물이 나오는 봄의
열린 문이라면 유(酉)는 가을의 문으로 만물이 이미
들어가 닫는 형상이다.

술(戌): 9월이다. 소멸한다는 뜻의 멸(滅)과 같다. 양기가

약해진다.

해(亥): 10월이다. 풀뿌리라는 뜻의 해(荄)와 같다. 미약한

양기가 일어나 왕성한 음기를 맞아들인다.

그런데 간지 22개 글자는 어떻게 어떤 원리로 그런 의미를 갖게 되었을까?《회남자》,《사기》,《설문해자》등의 설명을 읽어 보면, 글자의 형상에 따라 의미가 부여된 경우 또는 같은 음을 가진 다른 글자에서 의미를 차용하는 경우 등 여러 유형을 발견할 수 있다. 이는《설문해자》〈서(敍)〉에 설명되어 있듯이 지사(指事), 상형(象形), 형성(形聲), 회의(會意), 전주(轉注), 가차(假借) 등 육서(六書)에 따른 한자의 일반적인 성립 과정이다.

이상의 고찰을 통해서 다음과 같은 두 가지 중요한 사실이 드러난다.

첫째, 간지 글자의 의미가 조금씩 변천되었다. 예를 들면 열두째 지지 해(亥)는《회남자》에서는 문을 잠그다는 뜻의 애(閡)로,《사기》에서는 갖추다는 뜻의 해(該)로,《설문해자》에서는 풀뿌리라는 뜻의 해(荄)로 설명되어 있다. 고유한 의미를 가진 간지 22개 글자가 동시에 생성된 것이 아니라는 사실을 알 수 있다.

간지를 중국의 건국 신화에 등장하는 삼황오제의 한 명인 천황(天皇)이 만들었다든가, 역시 건국 신화에 등장하는 황제(黃帝)가 다스리던 때 하늘이 내려 주었다든가 또는 황제의 스승인 대요가 육십갑자를 만들었다는 등의 이야기는 이야기일 뿐이다.

둘째, 이것이 바로 핵심인데, 천간과 지지 각 글자는 시간의

흐름에 따라 음양이 변화하는 자연의 모습을 의미한다. 아마도 이것이 간지가 자연의 기운, 즉 우주의 기운을 나타낸다는 주장의 근거일 것이다. 그렇지만 상형문자이며 표의문자인 한자가 그러한 형상과 의미를 갖는 것은 특별한 일이 아니다.

특별한 일은, 사주명리학에서 천간과 지지가 하늘과 땅의 기운을 나타내는 특별한 부호로 쓰인다는 사실이다. 그러나《회남자》,《사기》,《설문해자》등 여러 문헌에서 살펴보았듯이 천간과 지지 글자의 의미가 하늘의 기운과 땅의 기운으로 구별되는 것은 아니다.

심지어 사주명리학의 고전인《연해자평》〈논간지자의〉에 실려 있는 간지 글자의 의미를 보아도 천간과 지지를 하늘과 땅의 기운으로 구별할 만한 실마리는 전혀 없다. 〈논간지자의〉에 기록되어 있는 내용의 요점은 다음과 같다.

갑(甲): 싹이 트는 것이다. 만물은 껍질이 갈라지면서
　　　　나온다.
을(乙): 만물이 처음 나올 때 싹이 구부러져 아직 펴지지 않은
　　　　상태이다.
병(丙): 만물이 밝게 드러나 뚜렷이 보이는 모습이다.
정(丁): 만물이 왕성하고 충실한 모습이다.
무(戊): 만물이 무성한 모습이다.
기(己): 다른 사물과 구별할 수 있는 기준이다.
경(庚): 만물이 견고하고 강한 모습이니, 수렴되어 열매를

맺는 것이다.

신(辛): 만물이 번성한 다음에 제재를 받는 괴로운 상태이다.

임(壬): 음양이 교합하여 만물을 잉태하는 것이다.

계(癸): 겨울이라 땅이 평평하게 되었으니 만물을 헤아려 측정할 수 있다.

*   *   *

자(子): 양기가 처음으로 나타나 생명이 탄생한다.

축(丑): 차가운 기운이 스스로 굽어지고 꺾어지는 분기점이다.

인(寅): 양기가 상승하려 하나 음기가 여전히 강하여 종지뼈 아래로만 흐른다.

묘(卯): 만물이 지표면을 뚫고 나온다.

진(辰): 만물이 모두 넓게 펴지고 확산되면서 나온다.

사(巳): 양기가 이미 다 넓게 펼쳐져 그치는 것이다.

오(午): 음양이 교차하여 서로 놀라 맞대응하는 모습이다.

미(未): 양의 기운이 점차 어두운 쪽을 향하게 된다.

신(申): 확산하였던 양기를 모두 거두어 완성시킨다.

유(酉): 만물이 완성되어 성숙하다.

술(戌): 만물이 소멸한다.

해(亥): 만물을 거두어 저장하니 모두 단단한 씨앗이다.

천간의 각 글자가 하늘의 기운을 나타내고 지지의 각 글자가 땅의 기운을 나타낸다는 것은 사주명리학의 이론 전개를 위한 설정일 뿐이다.

물론 그러한 설정이 임의로 이루어진 것은 아니다. 십모(十母)라고도 불리던 십간(十干)의 간(干)은 줄기 간(幹)에서 유래하여 부모, 하늘, 양(陽) 등과 결부되고 십이자(十二子)라고도 불리던 십이지(十二支)의 지(支)는 지(枝)에서 유래하여 자식, 땅, 음(陰) 등과 결부되는데, 그러한 관념적 배경은 《회남자》, 《사기》, 《백호통의》 등 한나라 때의 여러 문헌에서 발견된다.

그러나 고대의 문헌에 나타나는 포괄적이며 관념적인 의미 부여가, 천간과 지지의 개별적인 글자가 하늘과 땅의 구체적인 기운으로 작용하여 인간사에 실제로 영향을 끼친다는 사주명리학의 이론을 뒷받침하는 근거가 될 수 있는 것은 아니다.

의미 부여가 실제 작용을 낳는다면 세상사 얼마나 쉽고 재미있겠는가. 그러나 사람의 양팔에 날개의 의미를 부여한다고 해서 사람이 하늘을 날 수 있는 것은 아니다. 모래에 쌀의 의미를 부여하고 아무리 밥 짓는 이론을 개발해도 모래로 밥을 지을 수는 없다.

어쨌든, 하늘의 기운과 땅의 기운으로 구별되는 것은 아니지만, 천간과 지지의 22개 글자가 시간의 흐름에 따라 음양이 변화하는 자연의 모습을 가리키는 것은 사실이다. 그러므로 간지가 자연의 기운 또는 우주의 기운을 나타낸다는 주장은 침소봉대이긴 하지만 그래도 터무니없지는 않다.

그렇다면 간지의 각 글자는 언제, 어떻게, 어떤 원리로 음양과 오행의 개념을 명시적으로 갖게 되었을까? 그리고 그 과정은 자연의 이치에 따른 합리적인 과정이었을까? 이에 대한 역사적 경위를 살피는 일은 사주명리학의 근거 탐구를 위한 필수적인 작업이다. 왜냐하면 사주명리학은 간지의 음양오행 없이는 존재할 수 없기 때문이다.

그리고 사주의 간지는 어떨까? 천간과 지지의 규칙적인 조합인 육십갑자로 표기된 사주의 간지는 과연 태어날 때 우주의 기운을 나타내는 것일까?

지금부터 이 문제를 오행과 음양의 관점에서 따져 보겠다. 오행을 먼저 다루는 이유는, 간지는 포괄적으로 음양의 변화를 가리키지만 개별적으로 각 글자는 먼저 오행과 결부되고, 그다음에 오행의 운동 양태에 따라 음양과 결부되었기 때문이다.

팔자 중에서 여섯 글자는 오행과 관련 없어

춘추시대 제나라 재상이었던 관자와 그의 제자들, 그리고 그들을 계승한 학자들에 의해서 집필된 것으로 알려진 《관자》에 계절이 방위와 오행 및 천간과 결부되어 등장한다. 봄은 동쪽이며 목(木)이고 갑을(甲乙), 여름은 남쪽이며 화(火)이고 병정(丙丁), 가을은 서쪽이며 금(金)이고 경신(庚辛), 겨울은 북쪽이며 수(水)이고 임계(壬癸)와 결부되어 있다. 중앙은 토(土)와 결부되어 있지만 무기(戊己)는 등장하지 않는다.

전국시대 진나라 재상이었던 여불위의 저술인《여씨춘추》에도 봄은 갑을(甲乙)과 목(木), 여름은 병정(丙丁)과 화(火), 가을은 경신(庚辛)과 금(金), 겨울은 임계(王癸)와 수(水)에 결부되어 있다. 또 무기(戊己)는 여름 끝자락의 토(土)에 해당하여 춘하(春夏)에서 추동(秋冬)으로 넘어가는 중앙에 위치한다. 각 계절은 방위에도 결부되어 있으므로 천간이 모두 계절과 방위 및 오행에 결부되어 있는 셈이다.

또 전한의 유학자 동중서의 저서《춘추번로》에도 목-동쪽-봄-갑을(甲乙), 화-남쪽-여름-병정(丙丁), 토-중앙-늦여름-무기(戊己), 금-서쪽-가을-경신(庚辛), 수-북쪽-겨울-임계(王癸) 등으로 결부되어 있다. 방위와 관련해서 눈에 띄는 것은 목은 왼쪽, 화는 앞, 토는 가운데, 금은 오른쪽, 수는 뒤에 위치하는 것으로 설명되어 있다는 사실이다. 이는 화에 해당하는 남쪽을 향하고 있을 때의 방위로서 임금의 남면(南面)과 일치한다.

한편 천간과 지지가 다 함께 계절과 방위 및 오행에 결부되어 나타나는 최초의 문헌은 한나라 초에 유안이 저술한《회남자》이다. 〈천문훈〉에 동쪽-목(木)-봄-갑을인묘(甲乙寅卯), 남쪽-화(火)-여름-병정사오(丙丁巳午), 중앙-토(土)-무기(戊己)와 진술축미(辰戌丑未), 서쪽-금(金)-가을-경신신유(庚辛申酉), 북쪽-수(水)-겨울-임계해자(王癸亥子) 등으로 결부되어 있다.

《관자》,《여씨춘추》,《회남자》,《춘추번로》 등의 문헌에 나타나 있듯이 간지와 오행은 계절의 흐름에 따라 결부되었다. 그

래서 천간은 계절의 순서, 즉 오행의 순서에 따라 갑(甲)·을
(乙)·병(丙)·정(丁)·무(戊)·기(己)·경(庚)·신(辛)·임(壬)·계
(癸) 순서가 된다. 지지도 계절의 순서, 즉 오행의 순서에 따라
인(寅)·묘(卯)·진(辰)·사(巳)·오(午)·미(未)·신(申)·유(酉)·
술(戌)·해(亥)·자(子)·축(丑) 순서가 된다.

다만 토(土)가 천간에서는 춘하와 추동의 사이에, 지지에서는
사계절의 사이사이에 위치할 뿐이다. 그리고 지지의 순서는 음
이 극에 달해 양이 생겨나는 동지를 출발점으로 삼으면 자(子)·
축(丑)·인(寅)·묘(卯)·진(辰)·사(巳)·오(午)·미(未)·신(申)·
유(酉)·술(戌)·해(亥) 순서가 된다.

그렇게 계절의 흐름에 결부시켜 봄을 오행의 목으로 나타내
고, 목을 천간과 지지의 갑을(甲乙)과 인묘(寅卯)로 나타냈으
니, 갑을과 인묘가 봄의 기운과 결부되어 해석되는 데는 논리적
으로 아무런 문제가 없다.

계절의 변화는 자연 현상이므로 그것을 오행으로 나타내고,
오행과 간지를 결부시켜 간지를 오행에 해당하는 자연의 기운
으로 해석하는 것은 사주명리학이 자연의 법칙에 따른 합리적
인 학문이라는 주장의 근거로 삼기에 일견 충분해 보인다.

그러나 계절과 오행과 간지를 연계하며 자연의 법칙을 탐구
했던 오행론과 간지론은 사주명리학이 성립되기 훨씬 전인 춘
추전국시대와 진한시대에 성립된 이론이다. 사주명리학은 그러
한 이론의 토대 위에서 당나라 때 비로소 형성되기 시작했다. 여
기에서 다시 강조하고 싶은 것은 "간지가 우주의 기운을 나타낸

다"는 주장과 "사주의 간지가 우주의 기운을 나타낸다"는 주장이 별개라는 사실이다.

사주명리학 본연의 관심사는 출생 연월일시를 간지로 표기하여 그것을 해석함으로써 운명을 추론하는 일이다. 그러므로 사주명리학의 합리성을 주장하려면, 논의의 초점을 사주 여덟 글자를 구성하는 육십갑자 간지에 맞추어 그것을 해석하는 이론의 합리성을 밝혀야 한다.

고대 중국의 자연 철학이라고 할 수 있는 음양론이나 오행론 또는 간지론 등이 담고 있는 자연관을 설명하면서 그것이 사주명리학의 합리적 근거라고 주장하는 것은 초점을 벗어난 것이다. 벼농사를 쌀점의 합리적 근거라고 주장할 수는 없지 않은가?

이제, 새삼스럽지만, 사주의 여덟 글자 간지가 우주의 기운과 어떻게 결부되는지 엄밀하게 살펴보자. 1년은 지구의 공전에 따른 시간의 흐름이고, 1일은 지구의 자전에 따른 시간의 흐름이다. 이때 지구의 공전 도수와 자전 도수는 약 360도로 같다.

그러므로 1년 시간의 흐름에 따른 12월과 하루 시간의 흐름에 따른 12시를 같은 12지지로 나타내는 것은 자연의 흐름, 즉 우주의 흐름에 부합된다. 그래서 인(寅)월은 이른 봄이고 인(寅)시는 이른 아침이 되는 것이다.

그런데 사주 여덟 글자에서 계절과 시간을 나타내는 것은 월지(月支)와 시지(時支) 두 글자뿐이다. 월지가 아닌 다른 간지는 계절과 아무런 관련이 없고, 시지가 아닌 다른 간지는 하루의 시간과 아무런 관련이 없으므로, 월지와 시지를 제외한 나머지 여섯 글자 간지는 오행과 결부될 근거가 없다. 시간의 흐름에 따른 자연의 변화와 무관하기 때문이다.

실제 사주를 예로 들면 다음과 같다.

時	日	月	年
庚 午	己 酉	丁 卯	甲 子

위 사주에서 월지(月支) 묘(卯)는 봄을 나타내며 목(木)의 기운으로 해석된다. 실제로 묘월은 봄이다. 그러나 월간(月干) 정(丁)은 계절과 무관하다. 그러므로 정(丁)을 여름과 결부되어 있는 화(火)의 기운으로 해석할 수 있는 근거는 없다. 정(丁)이 화의 기운이라면, 정묘(丁卯)월은 여름과 봄을 동시에 나타낸다는 말인가?

그리고 시지(時支) 오(午)는 11시부터 13시까지의 한낮을 가리키는 화(火)의 기운으로 해석된다. 그러나 시간(時干) 경(庚)은 하루의 시간과 무관하다. 그러므로 경(庚)을 저녁 시간과 결부되어 있는 금(金)의 기운으로 해석할 수 있는 근거는 없다. 경(庚)이 금의 기운이라면, 경오(庚午)시는 저녁과 한낮의 시간을 동시에 나타낸다는 말인가?

연주(年柱) 갑자(甲子)도 마찬가지다. 연간(年干) 갑(甲)은 봄을 가리키는 것이 아니므로 목(木)의 기운과 무관하다. 또 연지(年支) 자(子)는 겨울을 가리키는 것도 아니고 한밤중을 가리키는 것도 아니므로 수(水)의 기운과 무관하다. 갑자(甲子)는 육십갑자의 순서에 따라 쓰였을 뿐이다.

1983년 다음이 1984년이듯이 계해(癸亥)년 다음은 갑자(甲子)년이 되는 것이다. 육십갑자로 표기한다고 해서 무슨 특별한 기운이나 작용이 발생하는 것은 아니다. 단기 4317년이라고 표기하면 단군이 강림하겠는가?

일주(日柱) 기유(己酉)도 마찬가지다. 일간(日干) 기(己)는 환절기를 가리키는 것이 아니므로 토(土)의 기운과 무관하다. 일지(日支) 유(酉)는 가을을 가리키는 것도 아니고 저녁을 가리키는 것도 아니므로 금(金)의 기운과 무관하다. 일주(日柱) 기유(己酉)는 육십갑자의 순서에 따라 쓰였을 뿐이다. 15일 다음이 16일이듯이 무신(戊申)일 다음은 기유(己酉)일이다.

앞서 고찰했듯이 간지와 오행의 결합은 시간의 흐름에 따른 자연의 변화를 나타내기 위한 것이다. 특히 지지는 오행이 나타내는 사계절을 세분하여 1년 12개월을 나타내고, 1년 12개월의 흐름과 동일한 구조를 갖는 하루의 흐름을 12시진으로 나타낸다.

그런데 10천간과 12지지의 조합인 60갑자는 10과 12의 최소공배수인 60을 순환 주기로 갖는 60진법의 부호 체계이다. 연(年)은 60년을 주기로 순환한다. 그리고 월(月)은 60개월, 즉 5년을 주기로 순환하고 일(日)은 60일을 주기로 순환한다. 시간은 60시진, 즉 5일이 순환 주기이다.

육십갑자라는 부호 체계로 연월일시를 나타낼 때 간과하지 말아야 할 것은, 간지의 오행이 본래의 의미를 갖는 것은 월지(月支)와 시지(時支)뿐이라는 사실이다. '본래의 의미'는 시간의 흐름에 따른 자연의 변화를 나타내는 것이다.

월지와 시지가 아닌 다른 위치의 간지는 순서 외에는 아무런 의미가 없다. 순서를 나타낼 때 '1, 2, 3, 4' 또는 '가, 나, 다, 라' 어떻게 나타내든 순서 외에는 아무 의미가 없는 것과 마찬가지다. 아라비아 숫자를 붙인다고 해서 아라비아의 속성이 발생하는 것은 아니다. 마찬가지로 '갑, 을, 병, 정' 또는 '갑자, 을축, 병인, 정묘' 등으로 순서를 나타낸다고 해서 순서에 오행의 의미가 발생하는 것은 아니다.

그러므로 월지와 시지가 아닌 나머지 여섯 글자 간지를 오행과 결부시켜 해석할 수 있는 근거는 없다. 자연의 변화 또는 우주의 기운과 아무런 관련이 없기 때문이다.

설득력 없는 간지의 음양 변화

간지의 글자 의미에서 살펴보았듯이 간지는 포괄적으로 음양의 변화에 따른 자연의 모습을 가리킨다. 그러나 사주명리학의 합리성을 주장하려면 간지 각 글자가 자연의 어떤 모습에 따라 개별적으로 음양을 갖게 되었는지, 그 합리적 근거를 밝혀야 한다. 왜냐하면 간지의 음양은 간지의 오행과 함께 사주명리학 이론의 근간을 이루기 때문이다.

우선 천간의 음양은 《회남자》〈천문훈〉에 "갑(甲)은 강(剛)하고 을(乙)은 유(柔)하며 병(丙)은 강(剛)하고 정(丁)은 유(柔)하며 계(癸)까지 그렇다"라고 서술되어 있으니 강과 유로써 천간의 양과 음을 나타냈다는 것을 알 수 있다. 천간의 음양은 갑부터 계까지 목의 양·음, 화의 양·음 등의 방식으로 오행에 따른 양·음의 순서라는 것도 알 수 있다.

천간과 지지 각 글자의 음양을 처음 명시적으로 규정한 문헌은 수나라 때 소길이 저술한 《오행대의》이다. 총체적으로 말하면 천간은 양이고 지지는 음이지만, 구별해서 말하면 천간의 갑병무경임(甲丙戊庚壬)은 양이고 을정기신계(乙丁己辛癸)는 음이며, 지지의 인진오신술자(寅辰午申戌子)는 양이고 묘사미유해축(卯巳未酉亥丑)은 음이라고 규정되어 있다. 천간과 지지의 음양 모두 양·음의 순서라는 것을 알 수 있다.

천간과 지지가 모두 오행과 결부되어 나타나는 최초의 문헌은 한나라 때 《회남자》이고, 천간과 지지가 모두 음양과 결부되어 나타나는 최초의 문헌은 수나라 때 《오행대의》이다. 이후의 모든 문헌은 《회남자》와 《오행대의》에 규정된 간지의 오행과 음양을 따르고 있다. 사주명리학의 고전도 마찬가지다.

그런데 간지 각 글자의 음양은 어떤 원리에 따라 그렇게 규정되었을까? 일단 간지 각 글자의 의미에서는 음양이 뚜렷하게 구별되지 않는다. 예를 들면 《연해자평》에 만물의 왕성하고 충실한 모습을 나타내는 것으로 설명되어 있는 정(丁)은 왜 음일까? 그리고 만물이 지표면을 뚫고 나오는 것으로 설명되어 있는 묘(卯)가 음이 되는 이유는 무엇이며, 만물이 소멸하는 것으로 설명되어 있는 술(戌)이 양이 되는 이유는 무엇일까?

간지 각 글자의 의미와 음양 사이에 어떤 필연적이거나 합리적인 연관성은 보이지 않는다. 당나라 때 이허중의 저술인《이허중명서》〈오행분음양위십간〉에 실려 있는, 음양이 반복되면서 홀수와 짝수가 짝을 이루는 것이라는 설명처럼 홀수 번째 글자는 양이 되고, 짝수 번째 글자는 음이 되는 방식으로 음양이 정해졌을까?

그렇게 본다면 글자 의미에 상관없이 묘(卯)는 짝수 번째 글자이므로 음이고, 술(戌)은 홀수 번째 글자이므로 양이 된다. 그렇다면《주역》〈계사전〉에서 유래했다는 짝수와 홀수의 음양이 자연의 이치이고 우주의 기운이란 말인가? 별로 설득력이 없다.

간지의 음양에 관하여 눈에 띄는 것은 청나라 때 심효첨의 저술인《자평진전》에 실려 있는 설명이다.《자평진전》〈논십간십이지〉에는, 음양에서 오행이 생겼으므로 오행에는 음양이 있는데, 오행이 하늘에서는 천간의 음양이 되고 땅에서는 지지의 음양이 되는 것으로 설명되어 있다. 그리고 양과 음을 기(氣)와 질(質)로 설명하고 있다. 예를 들면 갑은 을의 기(氣)고, 을은 갑의 질(質)이므로 갑을이 목의 음양을 이룬다는 것이다.

《자평진전》의 설명을 간단히 표현하면, 음양이 오행이 되고 오행이 간지가 되고, 간지는 기와 질에 따라 다시 음양으로 나뉘었다는 것이다. 간지는 오행을 갖게 된 다음에 오행의 운동 양태에 따라 음양도 갖게 되었다는 뜻으로 이해된다.

아무튼 간지의 음양오행에서는 어떻게든 간지에 오행과 음양을 결부시키려는 고대 중국인들의 진지한 노력과 신선한 발상을 느낄 수 있다.

그렇다. 그것은 인간의 발상이다. 하늘의 목이 음양으로 나뉘어 갑을(甲乙)이 되고 땅의 목이 음양으로 나뉘어 인묘(寅卯)가 된다는데, 그것이 인간의 발상이지 어떻게 자연의 이치이며 우주의 기운이겠는가?

그런데 정작 중요한 문제는 간지 각 글자에 어떤 음양의 이치가 있다고 하더라도, 그것이 사주의 간지가 출생 시각의 음양에 따른 자연의 기운을 나타낸다고 주장할 수 있는 근거가 되지는 않는다는 사실이다. 이미 강조했듯이 "간지가 우주의 기운을 나타낸다"는 주장과 "사주의 간지가 우주의 기운을 나타낸다"는 주장은 전혀 다른 의미를 갖기 때문이다.

앞서 예로 들었던 사주를 이번에는 음양의 관점에서 살펴보자.

時	日	月	年
庚午	己酉	丁卯	甲子

위 사주의 연주 갑자(甲子)는 양이다. 월주 정묘(丁卯)는 음이고, 일주 기유(己酉)도 음이고, 시주 경오(庚午)는 양이다. 그렇다면 양의 해, 음의 달, 음의 날, 양의 시에 태어났다는 말인가? 그게 어떤 자연의 의미를 갖는가? 우주의 어떤 기운에 따라 연월일시의 음양이 결정된다는 말인가?

그런데 여기에서 꼭 기억해야 할 것이 있다. 간지는 오행과 결부됨으로써 오행에 따른 계절의 흐름을 나타내게 되었고, 그다음에 오행의 운동 양태에 따라 양·음의 순서로 음양을 갖게 되었다는 사실이다.

그러므로 오행의 의미를 갖지 않는 간지에는 음양의 의미도 없다. 월지(月支)와 시지(時支)를 제외한 나머지 여섯 글자의 간지는 오행의 기운과 무관하므로 음양의 의미도 갖지 못한다는 뜻이다.

사주 여덟 글자에서 월지(月支)와 시지(時支) 두 글자를 제외한 나머지 여섯 글자는, 사주명리학에서 그토록 중요시되는 음양오행과 무관하다. 자연의 변화나 우주의 기운과 전혀 관련이 없기 때문이다.

그렇다면 사주 여덟 글자를 풀이하는 사주명리학이 자연의 이치, 자연의 변화 또는 우주의 기운에 따른 운명의 추론이라는 주장의 근거는 무엇일까? 여덟 글자 중에서 오직 월지와 시지 두 글자에만 의존하여 그런 주장을 하는 것이라면 근거 자체가 너무 빈약하다.

게다가 월지와 시지가 아닌 다른 간지까지 음양오행의 의미

로 해석하는 것은 사주명리학이 그토록 강조하는 음양오행의
이치에 부합되지 않는 명백한 오류이다.

자연환경과 운명의 상관관계

출생 당시 자연환경이 '운명'을 결정한다는데

인간의 삶은 자연환경, 특히 기후의 지대한 영향을 받는다. 독일 라이프치히 대학교 지리학 교수 라첼은 1882년에 출간된 자신의 저서《인문지리학》에서 기후를 비롯한 자연환경이 인간의 생활 양식을 결정한다는 환경결정론을 주장했다.

라첼의 주장을 받아들인 미국의 환경결정론자로는 예일 대학교 지리학 교수 헌팅턴을 꼽을 수 있다. 헌팅턴은 1915년에 출간된 자신의 저서《문명과 기후》에서 기후가 문명의 흥망성쇠를 좌우하는 중요한 요인이라는 주장을 펼쳤다. 인간에 대한 자연환경의 영향을 더욱 직접적인 인과 관계로 파악한 것이다.

그러나 다윈의 진화론에 영향받은 환경결정론은 논리적 비약과 인종주의 시각으로 많은 비판을 받았다. 그런 까닭에 캘리포

니아 대학교 (UCLA) 지리학 교수 다이아몬드는 1997년에 출간된 자신의 저서《총, 균, 쇠》에서 인종주의는 "역겨울 뿐만 아니라 전적으로 잘못되었다"[1]라면서 문명의 발달 수준 차이는 각 지역의 지리나 기후 등 환경적 요인에 의한 것이지 인종의 차이 때문이 아니라고 강조했다. 환경결정론에서 인종주의를 배제한 것이다.

그리고 캘리포니아 대학교 (UCSB) 인류학 교수 페이건은 2000년에 출간된 자신의 저서《기후는 역사를 어떻게 만들었는가》에서 환경결정론은 "학자들의 세계에서 파산"[2] 당했다고 표현했고, 또 2003년에 출간된《기후, 문명의 지도를 바꾸다》에서는 "환경결정론은 오래전부터 학계에서 금기시하는 발상"[3]이라고 말했다. 그러나 페이건이 기후의 영향력을 부인하는 것은 아니다. 오히려 그는 환경결정론자로 여겨질 만큼 기후 환경을 중시한다. 환경결정론에는 쉽사리 폐기할 수 없는 합리적 근거가 있다는 방증일 것이다.

환경결정론 논의는 계속 진행되고 있다. 서울대학교 지리학과 교수 박정재는 2021년에 출간된 자신의 저서《기후의 힘》에서 "최근 분위기가 점차 바뀌고 있다. 기후 변화가 고대 사회의 성쇠를 결정했다는 연구 결과들이 속속 보고되고 있다. 환경결

---

1 재레드 다이아몬드 지음, 김진준 옮김,《총, 균, 쇠》. 문학사상사 2016, 25쪽.
2 브라이언 페이건 지음, 윤성옥 옮김,《기후는 역사를 어떻게 만들었는가》. 중심 2002, 19쪽.
3 브라이언 페이건 지음, 남경태 옮김,《기후, 문명의 지도를 바꾸다》. 씨마스21 2021, 13쪽.

정론적 접근이라고 터부시하기에는 무척 정교하다."[1]라면서 기후적 환경결정론이 다시 힘을 얻고 있다고 말한다. 그는 기후 변화가 인류의 진화를 추동했다고 주장한다.

인간이 기후 환경의 직접적인 영향을 받는다는 환경결정론적 사고는 오랜 역사를 갖고 있다. 일찍이 고대 그리스 의학자 히포크라테스는 〈공기, 물, 장소에 관하여〉라는 글에서 사람에게 영향을 끼치는 요인으로 계절을 제일 먼저 꼽았다. 그리고 바람과 물, 땅에 주의를 기울여야 그 지역 특유의 질병을 파악할 수 있다고 주장했다. 히포크라테스가 가장 중요하게 여겼던 것은 자연환경, 특히 기후가 끼치는 영향이었다.

고대 중국에서도 기후의 영향은 중요하게 다루어졌다. 대표적인 문헌은 한나라 때 성립된 것으로 추정되는 의학서《황제내경》이다. 특히 기후의 주기적인 변화와 그에 상응하는 인체의 병리 현상에 관한 설명을 담고 있는 오운육기론에 대해서는 오늘날까지도 관심을 갖는 이들이 있다.

고대로부터 현대에 이르기까지 서양에서나 동양에서나, 인간의 삶이 자연환경의 지대한 영향을 받는다는 인식에는 차이가 없다. 그런데 동서고금을 막론하고 자연환경의 영향을 개인의 운명과 결부시킨 최초의 사상가는 후한의 왕충이었다.

왕충은 자신의 저서《논형》〈초품〉에서 사람의 명(命)은 처음에 부여받은 자연의 기(氣)에 의해 정해진다고 주장했다. 이른

1　박정재,《기후의 힘》. 바다출판사 2021, 9쪽.

바 자연정명론이다. 태어날 때 자연의 기운을 받는다는 사주명리학의 전제는 자연정명론을 기초로 하고 있다. 그래서 왕충은 사주명리학의 실제적 선구자라는 평가를 받는다.

인간이 기후 환경의 영향을 받는다는 환경결정론에 동의한다면, 왕충이 말하는 '자연의 기'를 '기후'로 이해하는 것은 무리가 아닐 것이다. 그리고 자연의 기가 곧 기후라는 사실을 뒷받침하는 사주명리학의 이론이 바로 기후에 관한 이론, 조후론이다.

사주명리학에서 기후 문제는 한난(寒暖)과 조습(燥濕)을 변수로 삼아 논한다. 대표적인 예를 들면 송나라 때 경도가 저술하고 명나라 때 유기가 주해한 것으로 알려진《적천수》의 〈한난〉과 〈조습〉이다. 한난은 한랭과 온난, 즉 기온을 나타내는 것이고 조습은 건조와 습윤, 즉 습도를 가리킨다. 한난은 지나쳐서는 안 되고, 조습도 치우쳐서는 안 된다는 것이《적천수》의 관점이다. 중화를 이루어야 한다는 것이다.

또 기후 문제는 청나라 때 심효첨의 저술인《자평진전》에도 언급되어 있는데, 사주를 풀이할 때는 월령을 위주로 하여 반드시 기후를 고려해야 한다고 명기되어 있다. 서락오도《자평진전평주》에서 용신을 취할 때는 억부 외에도 반드시 기후를 살펴서 조후의 법칙에 따라야 한다고 했다.

기후 문제, 즉 조후론을 본격적으로 다룬 사주명리학의 고전은 청나라 말에 여춘태가 간행한《궁통보감》이다.《궁통보감》에는 인(寅)월의 갑목(甲木)부터 축(丑)월의 계수(癸水)에 이르기까지 월지(月支)에 따라, 즉 계절에 따라 일간(日干)이 필요로 하는 기운이 설명되어 있다.

그런데 환경결정론과 자연정명론 사이에는 하늘과 땅 만큼의 차이가 있다. 환경결정론은 생활 환경이 인간의 삶을 결정한다는 이론이다. 그렇기 때문에 환경결정론은 문명의 발달과 결부되고, 기후 변화가 인류의 진화를 추동했다는 주장이 가능한 것이다. 환경결정론의 '환경'은 출생시의 자연환경으로 국한되지 않는다는 뜻이다.

그러나 자연정명론의 '자연'은 출생시의 자연환경으로 국한된다. 태어날 때 받은 자연의 기운이 일생 동안 결정적인 작용을 한다는 것이 자연정명론의 기본 관점이다. 사주명리학도 마찬가지다. 그래서 출생 연월일시를 나타내는 간지 여덟 글자, 즉 '팔자(八字)'가 운명과 동의어로 사용되는 것이다. 그렇다면 사주명리학의 이론은 과연 출생시의 자연환경을 실질적으로 반영하고 있는 것일까? 이제부터 그 이론과 실제의 부합 여부를 살펴보겠다.

십이지지 속의 계절, 실제 계절과 안 맞아

사주명리학은 자연의 이치를 토대로 한 학문이라고 흔히 말한다. 사주명리학은 절기력을 사용함으로써 자연의 변화, 특히 계절의 변화를 중시한다고 말한다. 이론적으로 오행의 목·화·금·수는 봄·여름·가을·겨울 사계절을 나타내고 토는 환절기에 해당한다. 그리고 간지에 부여된 오행 역시 간지의 글자 의미와 함께 자연의 변화를 가리킨다. 그래서 사주명리학은 자연학이며 계절학이라고 주장하는 이들이 있다.

그러나 사주 여덟 글자에서 자연의 변화에 따른 계절을 가리키는 글자는 월지 한 글자뿐이다. 나머지 일곱 글자는 계절과 무관하다. 그렇다면 월지는 실제로 계절의 변화를 나타내는 것일까? 이를 확인하는 방법은 간단하다. 십이지지가 나타내는 계절과 실제 계절을 비교하면 된다. 여름을 예로 들어, 지지와 절기 그리고 해당 절기의 절입일을 나란히 표기하면 다음과 같다.

계절	지지	절기	절입일 (2023년)
여름	사(巳)	입하	5월 6일
	오(午)	망종	6월 6일
	미(未)	소서	7월 7일

위의 표에서 보듯이 여름은 사오미(巳午未) 3개월이다. 사(巳)월은 입하에서 시작되는데 입하는 5월 6일 무렵이다. 5월, 아름다운 5월 초가 여름의 시작이라니, 5월은 봄이 한창일 때 아닌가?

그러면 한여름에 해당하는 오(午)월은 어떨까? 오월은 망종에서 소서 직전까지다. 망종은 6월 6일 무렵이고 소서는 7월 7일 무렵이다. 그러므로 오(午)월은 대략 6월 초에서 7월 초까지인데, 그 사이를 한여름이라고 할 수 있을까? 기상청 자료에 따르면 실제로 가장 무더운 달은 8월 신(申)월이다.

그리고 여름이 끝나는 미(未)월은 소서에서 입추 직전까지다. 소서는 7월 7일 무렵, 입추는 8월 8일 무렵이다. 절기로는 대략 8월 초면 벌써 여름이 끝나고 가을이 시작된다는 뜻이다. 실제로 그러한가?

여름을 예로 들었을 뿐, 다른 계절도 마찬가지로 절기와 실제 계절은 차이가 있다. 겨울에는 "대한이 소한 집에 놀러 갔다가 얼어 죽었다", "소한에 얼어 죽은 사람은 있어도 대한에 얼어 죽은 사람은 없다"라는 말이 있을 정도로 소한은 대한보다 춥다.

혹시 지지가 나타내는 계절과 절기는 우리나라에서는 유효하지 않고 사주명리학의 종주국인 중국에서만 유효한 것 아닐까? 그렇다면 사주명리학이 자연의 변화, 특히 계절의 변화를 중시하는 자연학이며 계절학이라는 우리나라 사주명리학 신봉자들의 주장은 자승자박일까? 이런 의문에 참고가 되는 내용을 차인덕의 연구에서 찾을 수 있다.

차인덕은 경기대학교 문화예술대학원 동양철학과에서 취득한 석사학위 논문에서 세계의 기후 자료를 근거로 "간지에 포함된 오행론은 한나라의 수도인 장안의 계절변화에 맞추어져 있었기 때문에 그 지역에서는 논리적이고 과학적이지만, 계절변화가 다른 지역에는 적용할 수 없다"[1]라는 주장을 펼쳤다.

음양오행론과 간지론은 춘추전국시대에 발생하여 진한시대에 정립되었다. 진나라의 수도였던 함양은 현재의 서안 인근이며 한나라의 수도였던 장안은 현재의 서안이다. 이에 착안한 차인덕은 서안의 기후와 서울 및 동경의 기후를 비교함으로써 간지와 간지에 배속된 오행이 나타내는 계절의 변화가 서안에는 맞지만 서울과 동경에는 맞지 않다고 주장했다.

그의 주장을 일목요연하게 파악할 수 있도록 서울과 서안의 평균최고기온과 평균최저기온을 지지에 따른 월별로 비교하여 표로 나타내면 다음과 같다. 서울 기온은 우리나라 기상청 자료이고 서안 기온은 차인덕의 논문에 인용된 중국 기상국 자료이다. 통계 기간은 1971~2000년으로 동일하다.

지지		봄			여름			가을			겨울	
		寅	卯	辰	巳	午	未	申	酉	戌	亥	子	丑
월 (양력)		2	3	4	5	6	7	8	9	10	11	12	1
서울	평균 최고기온	4.1	10.2	17.6	22.8	26.9	28.8	29.5	25.6	19.7	11.5	4.2	1.6
	평균 최저기온	-4.1	1.1	7.3	12.6	17.8	21.8	22.1	16.7	9.8	2.9	-3.4	-6.1
서안	평균 최고기온	8.3	13.9	21.0	26.1	31.2	32.1	30.8	25.3	19.5	12.2	6.4	4.8
	평균 최저기온	-1.1	3.6	9.5	14.2	19.2	21.9	20.9	15.9	9.9	2.9	-2.5	-3.8

서울과 서안의 1971~2000년 평균최고기온과 평균최저기온 (단위: °C)

1 차인덕,《계절변화와 역법에 적용한 간지오행 연구》. 경기대학교 문화예술대학원 동양철학과 석사 논문 (2013년 12월), 103쪽.

위의 표를 보면 서안은 7월(未月)을 정점으로 기온이 하강하기 시작하지만 서울은 8월(申月)이 정점이라는 사실을 알 수 있다. 달리 표현하면, 서안은 7월이 한여름이지만 서울은 8월이 한여름이라는 말이다. 그리고 기온이 가장 낮은 한겨울은 서울과 서안이 동일하게 1월(丑月)이다.

그런데 서안의 기온이 가장 낮은 때가 축(丑)월인데도 차인덕의 논문에는 자(子)월로 기술되어 있고, 기온 상승이 정점에 이르는 때가 미(未)월인데도 오(午)월로 기술되어 있다. 그가 자신이 제시한 기후 자료를 왜 그렇게 오독했는지 알 수 없다.

심지어 차인덕은 "이는 자월(子月)에 일양(一陽)이 처음 생기기 시작하여 양(陽)으로 전환하고, 오월(午月)에 일음(一陰)이 생기기 시작하여, 음(陰)으로 전환하는 모습과 일치한다"[1]라면서 "한(漢)나라 당시의 계절변화를 근거로 발전하고 확산된 음양오행론은 현재 서안(西安)의 기후 변화 자료에 적용하면 정확하게 일치한다"[2]라고 주장하지만, 그가 제시한 기후 자료는 오히려 그의 주장이 틀렸음을 보여준다.

차인덕의 논문을 통해서 알 수 있는 것은 인묘진(寅卯辰)은 봄이고, 사오미(巳午未)는 여름, 신유술(申酉戌)은 가을, 해자축(亥子丑)은 겨울이라는 지지의 계절 대응이 서안에도 맞지 않고 서울에도 맞지 않다는 사실이다.

1 차인덕,《계절변화와 역법에 적용한 간지오행 연구》, 경기대학교 문화예술대학원 동양철학과 석사 논문 (2013년 12월), 87쪽.
2 위의 논문 103쪽.

기온이 가장 높은 달 3개월을 여름으로 본다면 서울과 서안 모두 6,7,8월 오미신(午未申) 3개월이 여름이다. 다른 관점으로 보아서, 기온이 정점에 이른 달을 전후하여 3개월을 여름으로 본다면 서울은 7,8,9월 미신유(未申酉) 3개월이 여름이고 서안은 6,7,8월 오미신(午未申) 3개월이 여름이다. 어떤 관점으로든 사오미(巳午未) 3개월을 여름으로 볼 수는 없다. 따라서 오행의 토(土)에 해당하는 미(未)월이 환절기라는 논리도 성립되지 않는다.

그리고 겨울은 서울과 서안이 동일하다. 1월(丑月)을 최저점으로 하여 12,1,2월 자축인(子丑寅) 3개월의 기온이 가장 낮다. 따라서 해자축(亥子丑) 3개월을 겨울로 볼 수는 없으며 오행의 토(土)에 해당하는 축(丑)월이 환절기라는 논리도 성립되지 않는다. 오히려 축(丑)월이 한겨울에 해당한다.

그렇다면 인묘진(寅卯辰)은 봄이고, 사오미(巳午未)는 여름, 신유술(申酉戌)은 가을, 해자축(亥子丑)은 겨울이라는 지지의 계절 대응은 어디에서 유래한 것일까? 실제 계절과 무관하게 인위적으로 설정되었을까?

또 한 가지 눈에 띄는 점이 있다. 앞의 표를 보면 서울에서나 서안에서나 목(木)의 계절인 인(寅)월과 묘(卯)월보다 금(金)의 계절인 신(申)월과 유(酉)월의 기온이 훨씬 더 높다는 사실을 알 수 있다. 그러면 오행의 금이 목보다 훨씬 더 따뜻한 기운인가? 가을이 봄보다 훨씬 더 따뜻한 계절인가?

도대체 어떻게 된 일일까? 혹시 음양오행론과 간지론이 정립되었던 진한시대의 기후가 지금과 달랐기 때문일까? 환경결정론의 맥락에서 '기후를 통해 본 중국의 흥망사'를 연구한 중국의 기후학자 유소민의 저서 《기후의 반역》에 보면 진나라 때 기후는 약간 한랭했고 전한 때는 온난다습했으며 전한 말기부터 후한까지는 한랭건조했다고 쓰여 있다.

또 조후론을 본격적으로 다룬 《궁통보감》에도 인(寅)월에는 한기가 남아 있다고 기록되어 있다. 《궁통보감》은 명나라 때 쓰인 것으로 추정되는데, 명나라 때 기후는 제4차 한랭기였다. 그런데 한랭기가 아닌 지금도 인(寅)월에는 추운데 당시의 한기가 어느 정도였는지는 측정된 기온 자료가 없으니 알 수 없다.

중국에 온도계가 소개된 것은 청나라 강희제 때인 1670년이었으며 1677년에야 비로소 북경에서 기상 관측이 시작되었다고 한다. 그렇다면 절기와 결부된 지지를 통해서 한난과 조습을 나타내려고 했던 고대 중국인들의 노력은 높이 평가되어야 할 것이다. 실제와 얼마나 부합되었는지는 알 수 없으나 당시에는 그것이 자연 철학이며 과학이었을 것이다.

그러나 오늘날 분명한 것은, 오행과 지지가 나타내는 계절이 현재의 중국에도 맞지 않고 우리나라에도 맞지 않는다는 사실이다. 이유가 무엇일까?

장동순은 자신의 저서 《동서 기상학》에서 지지가 나타내는 계절과 실제 기온의 차이는 "더워지고 추워지는 데 따른 열적인 관성에 따른 지연 현상 때문"[1]이라고 설명한다. 그러나 '열적 관

---

1 장동순, 《동서 기상학》. 한국학술정보 2012, 138쪽.

성'으로는 소한이 대한보다 추운 이유를 설명할 수 없다. 그리고 '열적 관성'에 따라 시간이 지연된다면, 사주를 풀이할 때는 왜 그것을 고려하지 않고 오(午)월을 한여름의 화기(火氣)로, 자(子)월을 한겨울의 수기(水氣)로 해석하는가?

한여름의 기운을 받은 사람은 오(午)월에 태어난 사람일까, 실제 기온이 가장 높은 신(申)월에 태어난 사람일까? 한겨울의 기운을 받은 사람은 자(子)월에 태어난 사람일까, 실제 기온이 가장 낮은 축(丑)월에 태어난 사람일까?

사주명리학의 이론이 실제 자연환경과 무관하게 관념으로만 형성된 공허한 이론이 아니라면, 지지와 지지에 부여된 오행이 실제 계절과 다른 한 가지 유력한 이유는 기후 변화일 것이다. 사주명리학이 성립되던 당시와 현재의 기후가 다르기 때문이라고 생각할 수 있다. 그렇다면 그것은 사주명리학의 이론이 오늘날에는 유효하지 않다는 의미다.

우주의 에너지, 사주에 안 나타나

기후는 일정한 지역에서 30년에 걸쳐 나타나는 평균적인 기상 상태로서 기온, 습도, 풍향, 풍속, 강수량, 구름양, 일사량 등 여러 가지 요소로 형성된다. 30년은 세계기상기구(WMO)가 권장하는 통계 산출 기간이다. 간단히 정의하면, 기후는 일정 지역에서 나타나는 30년 동안 기상 상태의 평균이다. 그리고 날씨는 그날그날의 기상 상태이다.

기후는 변화한다. 기후는 규칙적으로 시시각각 바뀌는 것이 아니라 오랜 세월에 걸쳐 개인이 체감할 수 없을 정도로 서서히 변화해 왔다. 그런데 2000년대 들어서는 '지구 온난화', '기후 변화' 등의 용어가 대중적으로 쓰일 만큼 기후가 체감할 수 있게 변화하여 위기감까지 조성되고 있다.

2019년에는 영국 옥스퍼드 대학이 출판하는 옥스퍼드 사전이 '기후 비상사태 (climate emergency)'를 올해의 단어로 선정할 정도였다. 특히 2023년 7월에는 안토니우 구테흐스 유엔 사무총장이 "지구 온난화 시대는 끝났다. 지구 열대화 시대가 도래했다."라고 선언할 만큼 지구 온도가 급격히 상승했다.

기후 변화의 원인은 자연적인 원인과 인위적인 원인으로 나눌 수 있다. 자연적인 원인으로는 태양 활동의 변화, 지구의 공전궤도 변화 등이 있다. 인위적인 원인으로는 온실가스 배출을 첫 번째로 꼽는다. 세계 온실가스 배출량은 해마다 급격하게 증가하여 1970년부터 2011년까지 약 40년 동안 배출한 누적 온실가스가 1970년 이전 220년 동안의 누적 배출량과 비슷하다고 한다.

온실가스는 지구의 복사열을 흡수하여 지상에 열을 가둔다. 태양열이 지구로 들어와서 나가지 못하는 온실효과의 원인이 되는 것이다. 그래서 지구 온난화가 가속되면서 북극의 빙하가 녹고 알프스 만년설도 녹는다. 해수면이 상승하고 이상 기후 현상이 지구 곳곳에서 나타난다. 기온이 상승하면서 더 강력한 태풍이 만들어지고 기상 이변도 발생한다. 인간의 삶에 직접적으로 영향을 끼치는 기후가 심각하게 변화하고 있는 것이다.

그런데 사주 여덟 글자를 구성하는 육십갑자 간지는 기후 변화에 아랑곳없이 천여 년 전부터 지금까지 기계적으로 순환하고 있다. 그러한 사주의 간지가 과연 기후, 즉 자연의 기운을 실제로 나타낼 수 있을까? 전혀 나타내지 못한다. 육십갑자로 구성되어 있는 사주의 간지는 기후 변화를 반영하지 못할 뿐만 아니라 그날그날의 기상 상태도 나타내지 못한다.

예를 들면, 2011년 7월 27일 폭우로 인해 서울 서초구 우면산에서 산사태가 발생하여 17명의 사망자와 50명의 부상자가 발생했다. 그때 중부권 폭우 당시 서울을 감싸고 있던 우주 에너지는 어떠했을까? 그해 7월 26~28일 3일 동안 서울의 일일 강수량은 각각 171.0㎜, 301.5㎜, 115.0㎜에 달했다. 3일 만에 587.5㎜가 내렸는데 이는 서울 연 평균 강수량의 40%에 달하는 것이었다.

그러면 그때 서울에서 출생한 사람들은 강력한 수(水) 기운을 받았을까? 시간을 제외하고 해당 날짜만 간지로 나타내면 다음과 같다.

時	日	月	年		時	日	月	年		時	日	月	年
○	壬	乙	辛		○	癸	乙	辛		○	甲	乙	辛
○	午	未	卯		○	未	未	卯		○	申	未	卯
2011. 7. 26. (171.0mm)					2011. 7. 27. (301.5mm)					2011. 7. 28. (115.0mm)			

위의 간지에서 막강한 수기(水氣)가 느껴지는가? 26일과 27일의 저 무력한 임수(壬水)와 계수(癸水)가 폭우를 의미한다고 주장할 것인가? 28일은 신중임수(申中壬水)가 폭우의 근원이라고 주장할 것인가? 그런저런 주장을 한다면, 그때 비가 전혀 오지 않았던 지역에서 태어난 사람의 사주는 어떻게 설명할 것인가?

이로써 사주의 간지는 그 시각의 기상 상태를 전혀 나타내지 못한다는 사실이 드러났다. 한 가지만 더 예를 들어보겠다. 2003년 9월 12~13일 한반도를 휩쓸었던 태풍 매미로 인해 서울과 인천 등 수도권을 제외한 전국 대부분 지역이 특별재해지역으로 선포되었었다. 공식 집계에 따르면 재산 피해 4조 2000억원, 사망 및 실종자가 132명에 이르렀던 엄청난 재해였다. 해당 날짜의 정오에 우리나라에서 태어난 사람의 사주는 다음과 같다.

時	日	月	年
戊午	戊子	辛酉	癸未
	2003. 9. 12.		

時	日	月	年
庚午	己丑	辛酉	癸未
	2003. 9. 13.		

위의 사주 어디에 태풍이 나타나 있는가? 태풍은 강력한 바람이므로 오행의 목에 해당한다. 위의 사주에 강력한 목의 기운이 있는가? 공교롭게도 위의 사주에는 연지의 미중을목(未中乙木)

이 있을 뿐이다. 미중을목은 한 생을 마치고 미토에 입고(入庫)되어 있는 기운이다. 설마 그것을 막강한 태풍으로 해석하려는가? 그렇다면 태풍의 영향권에 속하지 않았던 서울에서 태어난 사람과 태풍의 직접적인 영향권에 속했던 부산이나 대구에서 태어난 사람의 사주는 어떻게 구별하여 설명할 것인가?

사주의 간지는 태풍이나 장마, 폭우, 폭설, 혹한, 혹서 등 인간의 삶을 둘러싸고 있는 자연의 기운을 전혀 반영하지 못한다. 너무나 당연하다. 천간과 지지의 규칙적인 조합으로 순서를 나타내는 데 쓰이는 육십갑자 간지가 어떻게 자연의 기운을, 사주명리학 신봉자들이 막연하게 강조하는 우주의 기운을 나타내겠는가? 게다가 그런 주장으로는 다른 장소, 즉 자연환경이 다른 지역에서 같은 사주를 갖고 출생한 사람의 경우를 설명할 수 없다.

혹시 사주는 기후, 자연환경, 자연의 기운 또는 좁은 의미의 우주의 기운이 아니라 지구 대기권 밖 끝없는 우주로부터 오는 기운, 목성·화성·토성·금성·수성 등으로부터 오는 에너지를 나타내는 것이라고 주장하려는가? 그렇다면 다음과 같은 우주적 상황에서 출생한 사람의 사주는 어떨까?

언론 보도에 따르면 우리나라 시간으로 2022년 9월 27일 오전 4시 32분, 목성이 지구에 59년 만에 처음으로 가까이 다가왔었다. 그때 지구와 목성 사이의 거리는 약 5억 9,130만km로, 가장 멀리 떨어졌을 때의 거리인 9억 6,500만km보다 약 3억 7,000만km 가까웠다. 과거에 목성이 그 정도로 근접한 것은 1963년 10월이었으며, 다음 근접 시기는 2129년으로 예측된다고 한다.

목성이 지구에 59년 만에 처음으로 가장 근접한 시각인 2022년 9월 27일 오전 4시 32분에 태어난 사람의 사주는 다음과 같다.

時	日	月	年
甲	癸	己	壬
寅	未	酉	寅

위의 사주에는 천간에 갑목(甲木) 하나, 지지에 인목(寅木) 둘, 그리고 미중을목(未中乙木)이 있다. 그때 다가온 목성은 어느 글자와 어떤 관계가 있을까? 천간의 갑목일까? 지지 인(寅)의 본기인 갑목일까? 미중을목일까? 아니면 모두 다일까?

사주가 우주의 기운을 나타낸다는 사주명리학 신봉자들의 주장이 옳다면, 위의 사주는 목성의 근접과 긴밀한 관련이 있어야 한다. 그런데 위의 사주는 2022년 9월 27일 오전 4시 32분에 태어난 사람에게만 해당되는 것이 아니다.

디지털 만세력을 이용하여 확인하면 1842년 9월 11일, 1782년 9월 25일, 1602년 9월 9일 인시(寅時)에 태어난 사람의 사주도 위와 동일하다. 그리고 2262년 9월 29일 인시에 태어날 사람의 사주도 위와 같다. 과거와 미래의 그때에 해당하는 사주를 가진 사람들도 모두 목성의 막강한 영향을 받았고, 받게 될 것이라고 주장할 수 있겠는가?

사주의 연월일시를 나타내는 육십갑자 간지는 우주와 무관하게, 태양계 행성들의 운행 주기와 무관하게 기계의 톱니바퀴처럼 순환한다. 그럼에도 불구하고 사주의 간지가 우주의 기운을 나타낸다고 주장하는 사주명리학 신봉자들은 목성이 그렇게 가까이 다가왔을 때 자신들의 주장을 증명했어야 한다. 최소한 목성의 기운이라도 증명했어야 한다.

그런데 그들은 언변만 화려할 뿐 아무것도 증명하지 않는다. 도대체 그들이 말하는 우주는 어떤 우주일까? 그들은 어떤 정신세계를 갖고 있는 것일까? 정신과 전문의 양창순은, 사주의 간지가 "태어난 바로 그 장소, 그 시각의 우주의 에너지를 표현한 것"[1]이라고 주장한다. 양창순이 말하는 우주의 에너지는 도대체 무엇인가?

과학자들의 연구에 따르면 지구는 약 46억 년 전에 탄생했다. 지구 46억 년의 역사는 선캄브리아대, 고생대, 중생대, 신생대 등으로 크게 나뉜다. 신생대는 다시 고진기, 신진기, 제4기로 나뉘고 제4기는 또 플라이스토세(약 258만 년 전 ~ 1만 2,000년 전)와 홀로세(약 1만 2,000년 전 ~ 현재)로 나뉜다.

플라이스토세는 흔히 말하는 빙하기다. 현재 인류가 살고 있는 시기는 지금으로부터 약 1만 2,000년 전 빙하기가 멈추고 시

---

1 양창순, 《명리심리학》. 다산북스 2020, 163쪽.

작된 홀로세이다. 홀로세를 간빙기라고도 하는데, 그 이유는 지구에 주기적으로 찾아오던 빙하기가 플라이스토세 이후로 도래하지 않았기 때문에 플라이스토세와 다음 빙하기의 사이에 있는 시기라는 뜻으로 그렇게 부르는 것이다.

현생 인류의 조상인 호모 사피엔스가 출현한 시기는 플라이스토세인데, 당시 구석기 시대 인류가 신석기 시대로 발전할 수 있었던 것은 홀로세에 들어서면서부터였다. 빙하기가 끝나고 전반적으로 온난해져서 정착 생활을 할 수 있었기 때문이다. 수렵과 채집에 의존하던 구석기 시대 인류가 정착 생활을 하면서 농경과 목축을 통해 식량을 생산하는 신석기 시대로 발전할 수 있었던 것은 바로 기후 변화, 즉 자연환경의 변화 덕분이었다.

앞으로 어떤 변화가 닥쳐올지는 알 수 없다. 홀로세, 즉 간빙기의 현재 인류 앞에 어떤 미래가 놓여 있는지 아무도 모른다는 뜻이다. 간빙기가 끝나고 또 빙하기가 도래할지, 지구 온난화가 가속되어 열대화 시대가 본격적으로 시작될지, 다른 어떤 특성을 가진 시대가 다가올지, 인류가 멸종할지, 아무도 알 수 없다. 자연환경의 변화를 예측할 수 없기 때문이다. 당장 내일 날씨도 잘 모른다. 기상청 일기 예보가 '일기 중계'라는 비난을 듣는 것은 어제오늘의 일이 아니다.

그런 엄연한 현실에도 불구하고 육십갑자로 표기한 연월일시의 간지가 자연의 이치, 자연의 변화, 우주의 에너지 등을 나타낸다고 주장하는 사주명리학 신봉자들은 어떤 세상에서 살고 있는 것일까? 어떤 정신세계를 갖고 있는 것일까? 그들은 정한

모 시인의 시 〈가을에〉 한 구절처럼 "달에는 은도끼로 찍어 낼 계수나무가 박혀 있다는 할머니의 말씀이 영원히 아름다운 진리임을 오늘도 믿으며 살고" 있는 것일까?

1980년에 출간되어 세계적인 베스트셀러였던 천문학자 칼 세이건의 《코스모스》와 2023년에 출간되어 한창 장안의 지가를 올리고 있는 물리학자 김상욱의 《하늘과 바람과 별과 인간》을 읽으면서 우주와 인간에 대한 인식의 지평을 넓히다 보면, 음양오행이 부여된 육십갑자 간지의 해석을 기반으로 운명을 추론하는 사주명리학이 기댈 곳은 우주 어디에도 없다는 사실을 새삼스럽게 확인할 수 있다.

사주명리학은, 사이비 인문학자들의 먹잇감이 되어 온갖 궤변과 잡설 속에서 몸에 맞지도 않는 우주복을 입고 허우적거리는 지금보다는 차라리 술사들의 전유물로 은근히 신비로운 분위기를 풍기면서 음지에 있을 때가 더 본질에 맞는 나은 모습이 아니었을까, 하는 생각이 든다.

나가며

"살다 보면 시간이 한참 지난 뒤에야 비로소 보이는 것들이 있다.
나한테 왜 그런 일들이 생겼는지,
왜 그런 인연을 만난 건지, 왜 그런 우연이 일어났는지.
대수롭지 않게 지나갔던 순간들이 하나씩 하나씩 의미를 갖기 시작하고
어느 순간 길이 되기 시작했다."

- SBS 드라마 《낭만닥터 김사부》

운명은 그런 것이다. 살다 보면 시간이 한참 지난 뒤에야 비로소 알게 되는 것. 그런 다음에 비로소 보이기 시작하는 길 같은 것. 그러니까 살아 보기 전에는, 보이기 전에는 아무도 모르는 것. 말하는 이도 모르고 듣는 이도 모르는 것. 하나 마나 한 말 같은 것.

생각나는 책이 한 권 있다. 미국의 물리학자이며 뉴욕대학교 교수인 앨런 소칼과 벨기에의 물리학자이며 루뱅대학교 교수인 장 브리크몽이 공저하여 1997년에 프랑스에서 출판한《Impostures intellectuelles》라는 책이다.

1998년에《Fashionable Nonsense》라는 제목으로 미국에서 영문 번역판이 나왔고, 우리나라에서는 프랑스어 원제를 직역하여《지적 사기》라는 제목으로 2000년에 출판되었다. 지식인들의 지적 허세를 신랄하게 비판하는 내용이다.

인문학의 탈을 쓰고 현학적인 장광설을 늘어놓으며 사주명리학을 과대 포장하는 이들에게 일독을 권하고 싶다. 그리고《지적 사기》의 저자들이 말하는 "모든 학문에 공통적으로 적용되어야 할 합리성과 지적 정직성의 규범"은 지켜야 한다고 강조하고 싶다.

눈 밝고 마음 열린 나의 스승, 낭월 스님께 감사드린다. 스님께 사주명리학의 진수를 잘 배웠지만 "이 책이 사주 미신에 빠져 있는 사람들에게 경종이 될 것"이라는 말씀에서 나는 가장 큰 가르침을 받았다.

공학박사 류현욱 교수에게도 감사의 마음을 표한다. 그는 문과 출신인 내가 잘 알지 못하는 것들에 대해서 아낌없이 지식을 나누어 주었을 뿐만 아니라 초고의 냉철한 독자 역할도 마다하지 않았다.

이 책의 산파라고 할 수 있는 대안연구공동체 김종락 대표님과 책을 만들어 주신 바다출판사 김인호 대표님께 깊은 감사를 드린다. 그분들이 아니었으면 이 책은 빛을 보지 못했을 것이다.

이 공부에 매료되어 보냈던 지난 십여 년 세월이 꿈 같다. 즐거운 꿈이었다. 한바탕 꿈속의 꿈이었다.

2024년 3월
이재인

참고 문헌

강정한,《사주점복의 카오스적 설명에 관한 연구》. 서울대학교 대학원 사회학
     과 석사 논문 (1998년 2월).

강준만,《흥행의 천재 바넘》. 인물과 사상사 2016.

강헌,《명리, 운명을 읽다》. 돌베개 2016.

강헌,《명리, 운명을 조율하다》. 돌베개 2016.

경도 원저, 박주현 역해,《적천수이해》. 삼명 2016.

고미숙,《나의 운명 사용설명서》. 북드라망 2014.

공자 지음, 김학주 옮김,《서경》. 명문당 2009.

곽박 저, 장옹 주석, 김정혜 옮김,《옥조정진경》. 한국학술정보 2016.

관자 지음, 김필수 외 옮김,《관자》. 소나무 2015.

구중회,《한국 명리학의 역사적 연구》. 국학자료원 2010.

김광채,《사주 팔자와 귀신 이야기, 진실인가 거짓인가》. 삶과 꿈 2002.

김기,《음양오행설의 이해》. 문사철 2016.

김기승,《과학명리》. 다산글방 2016.

김기승 · 이상천,《음양오행론의 역사와 원리》. 다산글방 2017.

김기욱 · 문재곤 · 장재석 옮김,《황제내경 소문 · 영추》. 법인문화사 2014.

김동석,《고전 천문역법 정해》. 한국학술정보 2009.

김동완,《사주명리학 용신특강》. 동학사 2006.

김두규,《믿을 수 없는 사주, 믿고 싶은 사주》. 홀리데이북스 2023.

김두규,《사주의 탄생》. 홀리데이북스 2017.

김만태, 〈간지기년(干支紀年)의 형성과정과 세수(歲首)·역원(曆元) 문제〉. 실린 곳,《정신문화연구》제38권 제3호 (2015년 가을호), 53~80쪽.

김만태, 〈민속신앙을 읽는 부호, 십간(十干)·십이지(十二支)에 대한 근원적 고찰〉. 실린 곳,《민족문화연구》제54호 (2011. 6. 30.) 고려대학교 민족문화연구원, 259~302쪽.

김만태,《한국사주명리연구》. 민속원 2011.

김문용, 〈조선 시대 유학자들의 음양오행론〉. 실린 곳, 한국사상사연구회 편저,《조선 유학의 자연철학》. 예문서원 1998, 293~347쪽.

김상섭,《주역 계사전》. 성균관대학교 출판부 2017.

김상연·이명훈·장필순,《음양오행, 볕과 그림자 그리고 다섯 원소》. 와이겔리 2021.

김상욱,《떨림과 울림》. 동아시아 2018.

김상욱,《하늘과 바람과 별과 인간》. 바다출판사 2023.

김선자,《만들어진 민족주의 황제 신화》. 책세상 2007.

김성태,《육신》. 한길로 2021.

김성태,《음양오행》. 텍스트북스 2010.

김영식, 〈조선 후기 역(曆) 계산과 역서(曆書) 간행 작업의 목표〉. 실린 곳, 《한국과학사학회지》. 제39권 제3호 (2017), 405~434쪽.

김원중,《중국 문화사》. 을유문화사 2001.

김일권,《동양 천문사상, 하늘의 역사》. 예문서원 2007.

김태균,《현대명리학개론》. 양림 2004.

김학목,《명리명강》. 판미동 2019.

나혁진·정경화, 〈명리학 고법과 신법의 논리구조 비교연구〉. 실린 곳,《산업진흥연구》. 2020, Vol. 5, No. 3, 61~71쪽.

동중서 지음, 남기현 옮김,《춘추번로》. 자유문고 2005.

류충엽,《제왕격 四柱 굶어죽는 八字》. 역문관 서우회 2000.

만민영 지음, 박일우 편저,《삼명통회》. 명문당 1975.

만민영 지음, 김정안 옮김,《삼명통회 비기 11권, 12권》. 문원북 2019.

박재완,《명리요강》. 역문관 1974.

박정재,《기후의 힘》. 바다출판사 2021.

박주현,《마음을 읽는 사주학》. 동학사 2002.

박주현,《사주심리학 1, 2》. 삼명 2017, 2018.

박주현,《알기 쉬운 용신분석》. 동학사 2022.

박주현,《용신》. 삼명 2013.

박주현,《자평명리학》. 삼명 2014.

박주현,《지지》. 삼명 2011.

반고 지음, 신정근 옮김,《백호통의》. 소명 2005.

반고 지음, 이한우 옮김,《한서·지 1》. 21세기북스 2020.

반자단(수요화제관주) 지음, 박주현 옮김,《명학신의》. 미출간.

반자단(수요화제관주) 지음, 나명기 옮김,《완역 명학신의》. Dream & Vision 2013.

브라이언 페이건 지음, 남경태 옮김,《기후, 문명의 지도를 바꾸다》. 씨마스21 2021.

브라이언 페이건 지음, 윤성옥 옮김,《기후는 역사를 어떻게 만들었는가》. 중심 2002.

사마천 지음, 김원중 옮김,《사기 본기》. 민음사 2021.

사마천 지음, 김원중 옮김,《사기 서》. 민음사 2011.

삼성경제연구소,《IMF 충격, 그 이후》. 삼성경제연구소 1998.

서대승 원저, 오청식 옮김,《연해자평》. 대유학당 2012.

서대승 원저, 정진엽 역해,《연해자평 완역정해, 상하》. 이헌 2020.

서대승 지음, 고봉거사 역주,《자평삼명통변연원》. 퍼플 2017.

서락오 지음, 김학목 외 옮김,《자평수언 1, 2》. 어은 2015, 2016.

서자평 지음, 문종란 편역,《낙록자삼명소식부주》. 한국학술정보 2017.

석담영 지음, 문종란 편역,《낙록자부주》. 한국학술정보 2016.

소강절 지음, 노영균 옮김,《황극경세서》. 대원출판 2002.

소길 지음, 김수길·윤상철 옮김,《오행대의, 상하》. 대유학당 2020.

스튜어트 서덜랜드 지음, 이세진 옮김,《비합리성의 심리학》. 교양인 2014.

신창용,《자평학 강의》. 들녘 2013.

심규철,《명리학의 연원과 이론체계에 관한 연구》. 한국정신문화연구원 한국
    학대대학원 박사 논문 (2002년 12월).

심효첨 지음, 서락오 평주, 박영창 옮김,《자평진전평주》. 청학 2006.

심효첨 지음, 김정혜·서소옥·안명순 옮김,《자평진전》. 한국학술정보 2011.

심효첨 지음, 김현덕·권용안 편역,《직역 자평진전》. 희망소리 2021.

안도균,《운명의 해석, 사주명리》. 북드라망 2020.

안민수,《현대 명리학과 과학의 만남》. 다산글방 2022.

안종수,《동양의 자연관》. 한국학술정보 2006.

알렉산더 데만트 지음, 이덕임 옮김,《시간의 탄생》. 북라이프 2018.

앤서니 애브니 지음, 최광열 옮김,《시간의 문화사》. 북로드 2007.

앨런 소칼, 장 브리크몽 공저, 이희재 옮김,《지적 사기》. 민음사 2000.

야마다 케이지 지음, 김석근 옮김,《주자의 자연학》. 통나무 2006.

양계초 외 지음, 김홍경 편역,《음양오행설의 연구》. 신지서원 1993.

양양, 〈한대 요후화덕설의 성립〉. 실린 곳,《역사학연구》. 제68집 (2017),
    225~256쪽.

양웅 지음, 김태식 옮김,《태현경》. 자유문고 2006.

양창순,《명리심리학》. 다산북스 2020.

엘스위스 헌팅턴 지음, 한국지역지리학회 옮김,《문명과 기후》. 민속원 2013.

여불위 지음, 김근 옮김,《여씨춘추》. 글항아리 2016.

여춘태 지음, 김기승 편역,《궁통보감》. 다산글방 2017.

왕력 지음, 이홍진 옮김,《중국고대문화상식》. 형설출판사 1989.

왕충 지음, 성기옥 옮김,《논형》. 동아일보사 2016.

왕필 지음, 임채우 옮김,《주역 왕필주》. 길 2010.

원천강 지음, 고봉거사 역주, 《원천강오성삼명지남》. 퍼플 2017.

유경진, 《명리학 용신론》. 연해명원 2009.

유경진, 《실정법 위반에 관한 명리학적 연구》. 원광대학교 동양학대학원 동양학과 석사 논문 (2005년 12월).

유소민 지음, 박기수·차경애 옮김, 《기후의 반역》. 성균관대학교출판부 2005.

유소홍 지음, 송인창·안유경 옮김, 《오행이란 무엇인가?》. 심산 2013.

유안 지음, 이석명 옮김, 《회남자 1》. 소명출판 2013.

육치극 지음, 김연재 옮김, 《명리학의 이해 1, 2》. 사회평론 2018.

윤정리, 《옥조신응진경주에 대한 연구》. 경기대학교 국제·문화대학원 동양철학과 석사 논문 (2005년 12월).

은남근 지음, 이동철 옮김, 《오행의 새로운 이해》. 법인문화사 2000.

이문규, 《고대 중국인이 바라본 하늘의 세계》. 문학과 지성사 2000.

이상엽, 《역법의 역사와 역리학의 바른 이해》. 해조음 2015.

이석영, 《사주첩경》. 한국역학교육학원 2010.

이성구, 《중국고대의 주술적 사유와 제왕통치》. 일조각 1997.

이세원, 《춘추번로에 나타난 '天' 사상 연구》. 경기대학교 예술대학원 동양철학전공 석사 논문 (2016년 6월).

이수동, 〈명리학 육친론의 이론체계 고찰〉. 실린 곳, 《문화와 융합》. 제42권 9호 (73집), 755~780쪽.

이유진, 〈중국신화의 역사화와 大一統의 욕망〉. 실린 곳, 《중국어문학논집》 제25호 (2003년 11월), 485~507쪽.

이은성, 《역법의 원리분석》. 정음사 1985.

이재인, 〈사주명리학, 근거는 있는가〉. 실린 곳, 《KOREA SKEPTIC》 Vol. 27, 바다출판사 2021년 9월 6일 발행, 114~129쪽.

이정모, 《달력과 권력》. 부키 2015.

이지형, 〈음양오행이라는 거대한 농담, 위험한 농담〉. 실린 곳, 《KOREA SKEPTIC》 Vol. 6, 바다출판사 2016년 6월 1일 발행, 110~127쪽.

이허중 지음, 김정혜·서소옥·안명순 옮김,《이허중명서》. 한국학술정보 2012.

임철초 지음, 임정환 옮김,《적천수천미》(전4권) 원제역학연구원 2006.

임현수,《商代 時間觀의 종교적 함의, 甲骨文에 나타난 紀時法과 祖上系譜 및 五種祭祀를 중심으로》. 서울대학교 대학원 종교학과 박사 논문 (2002년 8월).

장동순,《100년의 기상 예측》. 중명출판사 2004.

장동순,《동서 기상학》. 한국학술정보 2012.

재레드 다이아몬드 지음, 김진준 옮김,《총, 균, 쇠》. 문학사상사 2016.

전광,《우리 사주학》. 동학사 2004.

정동유 지음, 안대회 외 옮김,《주영편》. 휴머니스트 2016.

정성희,《조선시대 우주관과 역법의 이해》. 지식산업사 2005.

조용헌,《조용헌의 사주명리학 이야기》. 알에이치코리아 2020.

진소암 지음, 김정혜·서소옥·안명순 옮김,《명리약언》. 한국학술정보 2016.

진소암 지음, 임정환 옮김,《명리약언》. 원제역학연구원 2007.

진춘익 지음, 조성희 옮김,《팔자명리신해》. 낭월명리학당 2007.

차인덕,《계절변화와 역법에 적용한 간지오행 연구》. 경기대학교 문화예술대학원 동양철학과 석사 논문 (2013년 12월).

최한주,《십신 개념의 연원과 성격》. 원광대학교 대학원 한국문화학과 박사 논문 (2014년 10월).

추일호,《용신비법》. 청연 2009.

칼 세이건 지음, 홍승수 옮김,《코스모스》. 사이언스북스 2006.

토머스 쿤 지음, 김명자·홍성욱 옮김,《과학혁명의 구조》. 까치글방 2013.

한국 스켑틱 편집부 엮음,《우리는 모두 조금은 이상한 것을 믿는다》. 바다출판사 2022.

한동석,《우주변화의 원리》. 대원출판 2013.

허신 지음, 하영삼 역주,《완역 설문해자》. 도서출판3 2022.

홍비모·강옥진 지음, 문재곤 옮김,《時의 철학》. 예문지 1993.

홍성국,《신비의 이론 사주 궁합의 비밀을 밝힌다》. 한솜 2010.

황설중, 〈베이컨과 회의주의〉. 실린 곳,《철학연구》제161집 (2022년 2월), 363~395쪽.

히포크라테스 지음, 여인석·이기백 옮김,《히포크라테스 선집》. 나남 2011.

Friedrich Nietzsche,《Götzendämmerung, Der Antichrist, Gedichte》. Kröner 1930.

Seung Ah Jung and Chang Soon Yang, 〈Relations between Eastern Four Pillars Theory and Western Measures of Personality Traits〉. 실린 곳,《Yonsei Medical Journal》Volume 56, Number 3, May 2015, 698~704쪽.

사주는 없다
팔자에 매이지 않기 위해 알아야 할 것들

초판 1쇄 발행 · 2024년 6월 10일
초판 2쇄 발행 · 2024년 8월 9일

지은이 · 이재인
책임편집 · 유인창
디자인 · 윤철호

펴낸곳 · (주)바다출판사
주소 · 서울시 마포구 성지1길 30 3층
전화 · 02-322-3675(편집) 02-322-3575(마케팅)
팩스 · 02-322-3858
이메일 · badabooks@daum.net
홈페이지 · www.badabooks.co.kr

ISBN 979-11-6689-251-6 03150